# CYBERTACTIQUES

### DEVENEZ UN CYBERSAMOURAÏ
### ET REMPORTEZ TOUTES LES
### CYBERVICTOIRES

## Alexandre LIENARD

# DÉDICACE

Aux combattants numériques.

# AVERTISSEMENT

Ce livre fournit des conseils et des recommandations pour protéger les systèmes et les réseaux contre les menaces dites cyber. Cependant, il est essentiel de noter que la sécurité offensive est encadrée par la loi, et que toute action visant à pénétrer ou à perturber un système informatique sans autorisation peut être considérée comme un acte criminel.

L'auteur de ce livre ne peut être tenu responsable des actions effectuées par les lecteurs sur la base des conseils et des recommandations présentés dans ce livre. Il est de la responsabilité du lecteur de se conformer à toutes les lois et réglementations en vigueur en matière de sécurité informatique et de respecter les droits de propriété intellectuelle.

En outre, l'auteur recommande vivement aux lecteurs de consulter un avocat ou un expert en sécurité informatique avant de mettre en œuvre toute action de sécurité offensive. Les lecteurs doivent également obtenir l'autorisation écrite des propriétaires des systèmes ou des réseaux avant d'effectuer toute action de sécurité offensive.

En résumé, ce livre vise à fournir des informations utiles et des conseils pratiques pour améliorer la sécurité informatique. Cependant, il est de la responsabilité du lecteur de se conformer à toutes les lois et réglementations en vigueur, et l'auteur ne peut être tenu responsable d'actions illégales ou inappropriées entreprises par les lecteurs sur la base des conseils présentés dans ce livre.

Notons aussi le fait que les différents conseils de Musashi ne s'additionnent pas forcément, que parfois la combinaison de plusieurs d'entre eux pourrait être fatale ! Il faut en conséquence prendre les conseils décrits en fonction de la situation rencontrée. Ce livre peut donc, comme c'est le cas pour l'œuvre initiale, se lire dans n'importe quel sens. L'important, au final, est d'en avoir fait le tour, d'avoir accompli un cycle.

# AVANT-PROPOS

La sécurité des systèmes d'information et la cybersécurité représentent des concepts étroitement liés, mais qui diffèrent en termes de portée et de contexte. La sécurité des systèmes d'information concerne la protection de l'ensemble des données et du système d'information d'une organisation contre les menaces internes et externes, comme les intrusions, les attaques de logiciels malveillants et les erreurs humaines. Elle englobe notamment la mise en place d'une série d'outils de gouvernance comme la mesure des risques liés à la perte de confidentialité, d'intégrité ou de disponibilité, mais encore la définition de principes et d'objectifs de sécurité contenus dans des politiques et procédures, sans oublier l'implémentation de moyens techniques ou technologiques permettant de garantir le niveau de sécurité préalablement défini.

La cybersécurité, quant à elle, est un terme plus spécifique qui fait référence à la sécurité des systèmes informatiques et des réseaux contre les attaques essentiellement digitales, en particulier celles qui sont menées via internet. La cybersécurité traite avant tout des menaces exogènes. La cybersécurité concerne principalement la protection des données et des infrastructures numériques contre les cybercriminels, les hackers, les pirates informatiques et les espions industriels 2.0.

En somme, la sécurité des systèmes d'information est un concept plus large qui englobe la cybersécurité, tandis que la cybersécurité se concentre principalement sur les menaces liées à l'utilisation d'internet. Les deux concepts sont essentiels pour garantir la sécurité de l'information et des données, et sont devenus des préoccupations majeures pour les organisations dans un monde de plus en plus connecté.

Le présent ouvrage est principalement orienté sur la cybersécurité pour des raisons évidentes de positionnement.

Faites vôtre cette phrase de Ludwig Wittgenstein : Mal nommer les choses nous conduit à mal les penser.

# INTRODUCTION

La cybersécurité est devenue, au fil du temps, un enjeu crucial pour notre société moderne. Que ce soit pour les activités économiques, non marchandes ou celles qui permettent de faire fonctionner l'État. La cybersécurité, c'est aussi un terme à la mode derrière lequel se cachent de nombreuses activités qui visent à protéger les systèmes informatiques, les réseaux, les appareils mobiles et les données électroniques contre les menaces numériques. Ces menaces revêtent de nombreuses formes, telles que les virus informatiques, les logiciels malveillants, les attaques par hameçonnage, les tentatives de vol d'identité et les attaques par déni de service. Il y a tellement de menaces qu'il est inimaginable de toutes les lister. En fait, il y a autant de menaces que de motivations et de pirates, puisqu'elles peuvent être combinées à l'infini. La cybersécurité est donc essentielle pour garantir la confidentialité, l'intégrité et la disponibilité des services, mais aussi la traçabilité des données. Ainsi, la protection des infrastructures critiques, telles que les systèmes de transport, les réseaux d'énergie et les systèmes financiers, est devenue un enjeu de société qui concerne tous les acteurs.

Il faut aussi ajouter que le niveau de menaces est hautement versatile, changeant, car les technologies de l'information sont un domaine en constante évolution. Par ailleurs, la cybersécurité a connu des avancées considérables au cours des trois dernières décennies. Les chercheurs œuvrant dans ce secteur travaillent en permanence pour identifier les nouvelles menaces et pour développer les moyens de les contrer, tandis que les acteurs économiques du secteur investissent massivement dans la mise en place de mesures de protection pour les systèmes et les réseaux de toutes tailles. Fini de croire que seuls les grands groupes sont touchés ! Face à ces défenseurs, les cybercriminels ne cessent d'élaborer de nouvelles stratégies et tactiques pour contourner les mesures de sécurité existantes, ce qui engendre une sorte de défi perpétuel, d'histoire sans fin.

Il n'est pas inutile de rappeler que la sécurité de l'information ne repose pas uniquement sur les mesures techniques ou technologiques que mettent en place les organisations, mais également sur le comportement des utilisateurs.

Ceux-ci, souvent vecteurs involontaires d'attaques, doivent être conscients des risques encourus et des meilleures pratiques pour se protéger contre les menaces en ligne. À titre d'exemple, on peut citer l'utilisation de mots de passe forts, la mise à jour régulière des applications, l'installation de logiciels de sécurité et la vérification ou le contrôle des emails et des messages suspects.

Bien que la cybersécurité soit un domaine relativement récent, la nécessité de protéger les informations sensibles et les données personnelles ne l'est pas. Des pratiques de sécurité ont été mises en place dès l'aube de l'ère de l'information, mais elles ont évolué au fil du temps pour répondre aux besoins changeants de la société numérique ; parfois à contretemps, parfois avec retard. Les premières attaques informatiques ont eu lieu dans les années 1970, mais la prise de conscience de la nécessité de protéger les systèmes d'information n'a vraiment commencé à se développer qu'à partir des années 2000. Depuis lors, la cybersécurité prend une place considérable dans le paysage informationnel. L'on peut toutefois regretter qu'elle se développe moins vite que les technologies de l'information et de la communication (TIC) qui, elles, ont pris une place prépondérante dans nos vies quotidiennes, côté privé comme côté professionnel.

Dans cet ouvrage, notre but n'est pas

d'explorer l'histoire de la cybersécurité et la façon dont elle a évolué au fil du temps, ni même de faire l'article sur l'histoire du Moyen-âge japonais. Mais nous allons nous arrêter sur une période précise et en particulier sur un personnage que les amateurs d'arts martiaux et de stratégie connaissent bien : Miyamoto Musashi (1584-1645).

Miyamoto Musashi est un samouraï japonais ayant vécu au XVIIe siècle, reconnu comme l'un des plus grands guerriers de l'histoire du Japon. À ce jour, il est encore vénéré par de nombreux praticiens. Il est surtout connu pour avoir rédigé *Le livre des cinq anneaux* (aussi appelé *Traité des cinq roues*), un traité sur les techniques de combat et sur la philosophie du bushido, le code d'honneur des samouraïs. Le livre de Musashi est considéré comme un classique de la stratégie martiale. D'ailleurs, nombreux et divers sont les profils qui s'en sont inspirés. On ne compte plus les générations de guerriers, les illustres stratèges, les chefs militaires connus ou anonymes et encore une ribambelle de capitaines d'industrie qui se réfèrent aux écrits de Musashi.

Bien que la vie de Musashi se soit déroulée à une époque où l'information circulait moins et moins vite, il est intéressant de noter que certaines de ses idées et certains de ses principes sont applicables au domaine de la sécurité des systèmes d'information et à la cybersécurité en particulier. Tout comme Musashi a élaboré une stratégie de combat efficace se basant sur la connaissance de son adversaire et sur la compréhension de son environnement, les professionnels de la cybersécurité doivent également adopter une approche tactique pour protéger les systèmes et les réseaux qu'ils gèrent et défendent.

L'un des principes centraux de la pensée de Musashi est l'importance de la flexibilité et de l'adaptation. Musashi, parmi les précieux conseils décrits dans son ouvrage, enseigne que les guerriers doivent être capables de s'adapter rapidement aux changements de situation sur le champ de bataille. Par exemple en utilisant des techniques et des tactiques inédites en fonction de leur adversaire et de l'environnement dans lequel ils sont parfois contraints d'évoluer. De même, dans le domaine de la cybersécurité, les professionnels doivent être capables de s'adapter rapidement aux nouvelles menaces et aux technologies récentes, en utilisant des techniques et des outils répondant non seulement aux exigences formulées au départ, mais surtout aux menaces auxquelles ils font face, souvent malgré eux.

Un autre principe important de la philosophie martiale défendue par Musashi est l'importance de l'observation, en sus de la connaissance de son adversaire. Musashi nous enseigne que les guerriers sont en danger s'ils ne peuvent comprendre les forces et les faiblesses de leurs adversaires, ainsi que leur style de combat et leurs habitudes. C'est là la Voie qui permet de développer des tactiques efficaces pour les vaincre. Dans le domaine de la cybersécurité, les professionnels doivent également être capables d'observer et d'assimiler les comportements des cybercriminels, afin de pouvoir identifier les menaces auxquelles ils sont confrontés. Tout cela dans le but de mieux les contrer, de les battre sur leur propre terrain, en utilisant, si possible, leur force. Il suffit d'observer un combat de judo pour comprendre cela.

Enfin, l'un des fondamentaux de l'enseignement de Musashi à ne pas négliger est l'importance de la préparation en général, et de la préparation mentale en particulier. Musashi affirme que les guerriers doivent être calmes et concentrés en toutes circonstances ; que c'est là l'unique assurance de pouvoir prendre des décisions rapides et efficaces sur le champ de bataille ! Dans le domaine de la cybersécurité, les professionnels doivent être en mesure de rester calmes et concentrés en cas d'attaque, afin de pouvoir réagir prestement et efficacement pour protéger les systèmes et les données. Cet aspect n'est évoqué dans aucun traité de références en la matière. Dommage !

Au fil des années, la cybersécurité est devenue un enjeu que l'on ne peut plus mettre de côté pour les entreprises, les gouvernements, mais aussi pour les particuliers et les citoyens que nous sommes. Les cyberattaques ont augmenté en fréquence et en sophistication. Ces e-délits peuvent causer des pertes financières considérables, ou porter atteinte à notre vie privée. Les enjeux de sécurité nationale ne sont pas épargnés, non plus, et les professionnels de la cybersécurité doivent veiller et agir en permanence pour identifier les nouvelles menaces et développer des mesures de protection efficaces. S'endormir, c'est mourir.

Dans ce contexte, la collaboration et la coopération entre les professionnels de la cybersécurité sont essentielles pour assurer une sécurité numérique digne de ce nom. Les gouvernements, les entreprises et les organisations non gouvernementales devraient travailler ensemble pour partager des informations sur les menaces et les attaques, et pour développer des normes et des protocoles de sécurité fédérés. Pour cela, il faut une vision commune et un enseignement à la portée de tous, teinté de martialité. Ce livre est écrit en ce sens.

En conclusion, il est intéressant et parfois déconcertant de noter que les idées et les principes décrits par Musashi sont facilement applicables au domaine de la sécurité de l'information et en particulier sur le champ de bataille où la cyberguerre fait rage. Pour le peu que l'on se donne les moyens de lire entre les lignes et de méditer sur ses sages paroles.

C'est ce que vous propose cet ouvrage, en

ralliant les Voies anciennes de l'art de combattre
avec les voies nouvelles qui sont pour la plupart
encore à créer.

*<br>* *

# À PROPOS DE MIYAMOTO MUSASHI

Miyamoto Musashi est un célèbre samouraï japonais né en 1584 dans la province de Harima. Il est particulièrement connu pour avoir été l'un des plus grands guerriers de l'histoire du Japon, ayant remporté plus de 60 duels tout au long de sa vie. En plus de sa renommée de guerrier, Musashi est également célèbre pour avoir écrit *Le livre des cinq anneaux* ou *Le traité des cinq roues*, un ouvrage remarquable traitant des techniques de combat et de la philosophie du bushido, le code d'honneur des samouraïs.

Musashi commence sa formation de samouraï à l'âge de sept ans, sous la tutelle de son oncle, un prêtre bouddhiste. Il travaille ensuite comme guerrier à la cour impériale de Kyoto, avant de devenir un rōnin, un samouraï sans maître, à l'âge de 30 ans.

Tout au long de sa vie, Musashi voyage en affrontant d'autres samouraïs dans des duels épiques. Sa réputation de guerrier hors pair attire alors de nombreux adversaires, mais Musashi est resté invaincu.

Musashi meurt en 1645, à l'âge de 61 ans. Bien que sa vie se soit déroulée il y a plus de 400 ans, son héritage en tant que guerrier et écrivain reste vivant aujourd'hui.

*
**

# À PROPOS DU *TRAITÉ DES CINQ ROUES* OU *LIVRE DES CINQ ANNEAUX*

L'ouvrage initial est divisé en cinq sections, chacune correspondant à un « anneau » qui représente un aspect singulier de la tactique militaire et de la philosophie du bushido.

La première section, intitulée « Terre », traite de la stratégie défensive et de l'importance de demeurer stable et solide en toute situation. Musashi encourage les guerriers à rester enracinés dans la réalité physique, à comprendre leur environnement et à se préparer en conséquence.

La deuxième section, intitulée « Eau », traite de la fluidité et de l'adaptabilité. Musashi encourage les guerriers à être capables de s'adapter rapidement aux changements de situation sur le champ de bataille, en utilisant des techniques et des stratégies différentes en fonction de leur adversaire et de l'environnement dans lequel ils évoluent ou sont plongés.

La troisième section, intitulée « Feu », traite de la stratégie offensive et de l'importance de l'agression et de l'initiative. Musashi encourage les guerriers à attaquer de manière décisive et à exploiter les faiblesses et la force de leur adversaire pour le défaire.

La quatrième section, intitulée « Vent », traite de la stratégie de la défense et de l'importance de la perception et de l'observation. Musashi encourage les guerriers à comprendre les forces et les faiblesses de leur adversaire, ainsi que leur style de combat et leurs habitudes, afin de pouvoir développer des stratégies efficaces pour les vaincre.

La cinquième et dernière section, intitulée « Vide », traite de la philosophie et de l'esprit de la guerre. Musashi encourage les guerriers à rester calmes et concentrés en toutes circonstances, afin de pouvoir prendre des décisions rapides et efficaces sur le champ de bataille.

Dans l'ensemble, le *Livre des cinq anneaux* est un traité sur la stratégie militaire, mais il va au-delà de la tactique élémentaire pour aborder des aspects plus profonds de la philosophie et de la psychologie de la guerre.

\*\*

## POURQUOI CE LIVRE ?

La littérature en matière de sécurité des systèmes d'information et en particulier les ouvrages couvrant le domaine de la cybersécurité sont très souvent de nature technique et évoquent le « comment », très rarement le « pourquoi » et le « quand ». Pourtant, nous vivons de nos jours au beau milieu d'une guerre numérique. Oui, une guerre ! Et bien qu'elle soit asymétrique (un concept cher à Sun Tzu, un autre maître dans l'art de la guerre), elle n'en demeure pas moins une guerre avec ses codes, ses concepts, sa nature et ses enjeux. Pourquoi dès lors évoquer uniquement les moyens de défense techniques ? Pourquoi ne pas plonger au cœur même de la stratégie et de ses transpositions tactiques en sublimant l'essence du combat pour en tirer les meilleurs stratagèmes et les plus habiles tactiques ?

Le combat figure sans doute parmi les préoccupations dominantes des premiers hommes, car de l'issue de celui-ci dépendait la survie de l'espèce. Il en va de même aujourd'hui. Trop rares sont les spécialistes, stratèges comme tacticiens, qui peaufinent leurs méthodes et aiguisent leurs meilleures ruses. Certains d'entre eux définissent de nouveaux concepts et améliorent les techniques de combat. Mais tous ont en commun la connaissance de savoirs ancestraux. Ces mêmes savoirs que nous vous proposons ici de transposer au monde de la sécurité des systèmes d'information et en particulier au domaine de la cybersécurité.

En définitive, *CYBERTACTIQUES, devenez un cybersamouraï et remportez toutes les cybervictoires* est un livre indispensable pour les professionnels de la cybersécurité qui cherchent à améliorer leur stratégie et leur préparation mentale pour faire face aux menaces numériques actuelles. En appliquant les leçons de Musashi à la cybersécurité, les professionnels peuvent aider à assurer la sécurité des infrastructures numériques, en fournissant des outils précieux pour la défense contre les actes commis par les cybercriminels.

*\*\**

# TERRE

Remporter la victoire doit être l'unique préoccupation du cybercombattant. C'est là l'unique moyen qu'il a de sublimer son art et d'être jugé par lui-même, ses pairs et ses donneurs d'ordre.

Dans le domaine de la cybersécurité, la tactique est un élément essentiel de la protection de l'entreprise ou l'organisation contre les menaces et les attaques numériques. Les responsables de la sécurité des systèmes d'information et les professionnels de la cybersécurité doivent avoir une connaissance pratique, solide et évolutive de la tactique pour assurer la sécurité de l'organisation qu'ils servent. Ils doivent penser en termes de stratégie et exécuter les opérations sur la base de tactiques adaptées et appropriées. La cybertactique est la Voie martiale à suivre.

Cependant, contrairement aux samouraïs qui possédaient une compréhension claire de leur Voie, la Voie de la tactique en cybersécurité est, et sera sans doute toujours, en évolution constante. Les professionnels de la cybersécurité doivent en conséquence être prêts à s'adapter aux nouvelles menaces et aux vulnérabilités qui surviennent, tout en gardant à l'esprit les principes fondamentaux de la cybersécurité et de l'art de la défense. L'on pourrait notamment faire sien le principe suivant : sache toujours ce que tu protèges et contre quoi !

La Voie de la cybertactique consiste à comprendre que la sécurité constitue une priorité essentielle pour l'ensemble de l'organisation. Tout comme les samouraïs devaient être intimes avec l'idée de la mort, les professionnels de la cybersécurité doivent être intimes avec la nature du danger représenté par les attaques et les menaces qui pèsent sur le système qu'ils défendent. Cela implique la compréhension claire des risques encourus et la maîtrise de la gestion de ces derniers, quel que soit l'appétit pour ceux-ci.

Les professionnels de la cybersécurité se montrent supérieurs en tout à leurs adversaires, tout comme les samouraïs. Ils se tiennent prêts à agir rapidement et efficacement pour protéger leur organisation contre les menaces qui surviennent, qu'il s'agisse d'une attaque unique ou d'une bataille de longue haleine contre une myriade d'assaillants. Les cybertacticiens doivent rechercher l'honneur et la reconnaissance pour leur organisation et pour eux-mêmes.

Tout bien considéré, la Voie de la cybertactique consiste à s'exercer de telle façon qu'elle soit utile à n'importe quel moment et qu'elle puisse être appliquée à tous les domaines, peu importe les conditions ou le contexte. Cela implique une compréhension claire des principes de base de la sécurité, une connaissance pratique des technologies de sécurité et la capacité à s'adapter rapidement aux nouvelles menaces et aux vulnérabilités.

## *Sur la Voie de la tactique*

Tout comme les samouraïs faisaient rarement l'économie d'une étude profonde de la tactique, les professionnels de la cybersécurité sont des experts en la matière, et ils ne cessent d'apprendre avec sérieux et exhaustivité. Ils se perfectionnent même lorsque l'imagination des ennemis stagne.

À notre époque, beaucoup de gens se prétendent tacticiens en cybersécurité, mais cela se limite beaucoup trop souvent à une expertise dans un domaine particulier comme la sécurité des réseaux, la sécurité des applications ou la sécurité du cloud. Cependant, la tactique en cybersécurité ne se limite pas à un domaine spécifique. Que du contraire. Elle doit plutôt être considérée comme une discipline large qui englobe tous les aspects des systèmes d'information. Il faut une vision élargie, périphérique.

De même, la cybertactique n'est pas limitée aux techniques et aux technologies spécifiques, mais elle doit plutôt être considérée comme une forme d'art qui exige une compréhension approfondie des systèmes d'information, sans jamais oublier la connaissance parfaite du contexte et des métiers connexes que la technologie et l'information servent.

Malencontreusement, dans ce domaine, beaucoup trop de gens sont plus préoccupés par l'apparence et les effets des mesures mises en place ou par la technologie que par la sécurité dans ce qu'elle a de plus intrinsèque, à savoir sa nature profonde. Ceux-là se concentrent sur les aspects trop superficiels de la sécurité, sans s'intéresser à l'essence même des choses comme les principes fondamentaux défendus et la stratégie définie au préalable. Le combat ne se gagne pas en répondant aux agressions, mais bien en les envisageant, voire en les provoquant, toujours en garantissant les conditions de la victoire.

En sus, comme le dit le dicton, «une tactique non mûrie est à l'origine de blessures béantes». En cybersécurité, cela signifie que si les professionnels n'intègrent pas les principes de base comme la gouvernance ou que leur capacité d'adaptation fait défaut, leur organisation est susceptible de subir de graves conséquences qui généralement n'ont pas été mesurées. On a alors à affronter le chaos. Et le chaos demande d'autres compétences, plus curatives que préventives. Ce qui va à l'encontre même de la Voie : on ne saisit pas l'absence.

En fin de compte, la Voie de la cybertactique exige une compréhension approfondie des arcanes de la sécurité des systèmes d'information, une capacité à s'adapter aux changements, et une compréhension claire des principes fondamentaux comme ceux décrits dans de nombreux standards, référentiels et normes. Tout comme les paysans, les commerçants et les artisans, au temps où vivait Musashi, avaient leur propre façon de vivre durant la période faste des samouraïs, les professionnels de la cybersécurité doivent également trouver leur propre chemin en matière de sécurité et s'efforcer d'atteindre l'excellence dans leur discipline pour que les autres métiers puissent se concentrer sur le cœur de leurs activités.

Les vies des samouraïs, des paysans, des artisans et des commerçants représentaient quatre façons distinctes de vivre, tout comme les différents domaines des systèmes d'information représentent des spécialités distinctes. Pour être un expert en cybersécurité, il faut être capable de se spécialiser dans ce domaine en particulier, tout en ayant une compréhension globale de la sécurité des systèmes d'information et des buts que servent ces systèmes. Ces buts sont généralement très proches, ou sont la traduction fidèle, des enjeux que porte l'organisation.

La tactique en cybersécurité est comparable à la spécialité du charpentier. Tout comme le charpentier fait preuve d'une grande habileté dans son art, le cybertacticien excelle dans son domaine. Cela signifie qu'il est capable d'embrasser les concepts fondamentaux de la construction et de posséder une expertise dans un domaine plus spécifique, à son bon vouloir pourvu que cela serve la cause de l'organisation pour laquelle il travaille.

Tout comme le charpentier connaît les caractéristiques de chaque outil et instrument qu'il utilise, le professionnel de la cybersécurité connaît les caractéristiques de chaque technologie et technique utilisée pour défendre son périmètre. Cela exige une formation et une éducation continue, le tout dans un souci de mise à jour sur les tendances offensives et défensives.

En définitive, comme le dit le dicton, « Que le Maître devienne l'aiguille et le disciple le fil, que tous les deux s'exercent sans cesse ». Pour être un expert en cybersécurité, il est aussi essentiel de travailler en étroite collaboration avec d'autres professionnels de son secteur afin de partager les connaissances et les expériences de chacun. Cela permet au professionnel de la cybersécurité de continuer à se perfectionner dans sa discipline et d'évangéliser ceux qu'il croise, dans l'unique but de mettre en échec les assaillants.

## Comparaison de la tactique à l'habilité du charpentier

Le bon manager en cybersécurité est comme le maître charpentier. Les bons managers en cybersécurité possèdent une compréhension globale de l'environnement dans lequel ils évoluent, ils corrigent les vulnérabilités de l'organisation et connaissent réellement leur équipe, leurs troupes. C'est la Voie du maître en cybersécurité. Le maître charpentier connaît parfaitement la construction d'un bâtiment, de la fondation aux finitions. Il est capable de dresser les plans d'un bâtiment, mais l'édifie en se faisant aider par des ouvriers. En ce sens aussi, maître charpentier et maître en cybersécurité se ressemblent.

Pour édifier un bâtiment, le maître charpentier utilise différents types de bois en fonction de leur qualité. De même, en cybersécurité, un expert utilise différents types de solutions en fonction de leur destination et de leur adéquation à la situation rencontrée ou prévue. Pour les opérations critiques de l'organisation, il utilise les solutions de sécurité les plus robustes et sans faille, tandis que pour les parties moins critiques, il utilise les solutions moins onéreuses, mais toujours efficaces. Il utilise également les solutions disposant d'un certain esthétisme pour les actifs de l'organisation destinés à la représentation, aux relations avec l'extérieur. Le beau n'est jamais sans intérêt dans la philosophie martiale.

Comme le maître charpentier, l'expert en cybersécurité choisit soigneusement les solutions et services qu'il utilise pour garantir la durabilité de l'organisation et éviter les dégradations à court, moyen ou long terme. De même, il opte pour les outils et les techniques les plus appropriés pour bâtir l'infrastructure la plus résiliente et la plus robuste possible. Car c'est elle qui protégera l'organisation contre les menaces extérieures et intérieures.

Lorsqu'un expert en cybersécurité engage d'autres professionnels pour rejoindre son équipe, il évalue leurs compétences et les qualifient : supérieures, moyennes ou inférieures. Il les utilisera soit pour améliorer la sécurité de l'infrastructure, soit pour gérer les incidents de sécurité, ou encore pour auditer le système d'information, etc. Ainsi, chaque membre de l'équipe trouve sa place en fonction de ses compétences et de ses appétences pour les différents domaines de la cybersécurité. Les moins bons seront formés pour devenir des analystes juniors et les pires, des techniciens de support. Ainsi, si l'expert en cybersécurité sait adapter la capacité de chacun, alors le rendement sera bon et le résultat excellent. Les émotions n'ont pas leur place dans la Voie. Tout comme le bon maître charpentier connaissait la piètre valeur d'un mauvais ouvrier, le manager en cybersécurité sait pertinemment que tout le monde n'a pas sa place au sein de son équipe.

Rendement, qualité de travail, ne pas prendre les choses à la légère, ne pas perdre de vue l'objectif général, savoir distinguer le degré supérieur, moyen ou inférieur de l'énergie de chacun, donner l'élan et savoir où commence l'impossible représentent les règles d'or que chaque expert en cybersécurité suit.

## Voie de la tactique

Les experts en sécurité sont comme des charpentiers. Ils doivent entretenir leurs outils, qui dans ce cas sont les logiciels et les équipements de sécurité, et les tenir à jour en permanence. Ils reçoivent et appliquent les instructions de leur hiérarchie. Leur travail consiste à surveiller, analyser et prévenir les cyberattaques. Comme les charpentiers, ils prêtent une attention minutieuse aux détails et utilisent leurs compétences pour détecter les failles de sécurité, pour les corriger avant que ne survienne l'incident. Les experts en sécurité qui ont acquis une grande expérience dans ce domaine peuvent devenir des maîtres en cybertactique. Il est essentiel que les professionnels de la cybersécurité soient précis dans leur travail, qu'ils harmonisent toutes les parties de leur système de défense, qu'ils utilisent des outils adaptés et qu'ils prévoient les éventuelles menaces. Il est donc capital que les experts en sécurité réfléchissent bien à ces principes pour progresser dans la Voie de la cybertactique.

## *Les cinq chapitres de ce livre sur la tactique*

Cet ouvrage est divisé en cinq chapitres : Terre (Identification), Eau (Protection), Feu (Détection), Vent (Réponse) et Vide (Récupération).

Tout d'abord, le chapitre Terre, où est exposée la Voie générale, est la raison d'être de l'approche proposée ici. Si l'on se borne uniquement à la protection des systèmes informatiques, on ne peut atteindre la vraie Voie. Il faut connaître l'ensemble de l'environnement informationnel de l'infrastructure jusqu'aux applications et données, et évoluer du plus général au plus spécifique. Comme l'on trace un chemin bien droit. L'œil doit être capable de se concentrer sur le moindre détail tout en conservant une vue d'ensemble.

Dans le contexte de la cybersécurité, le deuxième chapitre « Eau » symbolise la nécessité d'adapter sa stratégie en fonction des circonstances, tout comme l'eau prend la forme du récipient qui la contient ou comme la rivière s'adapte aux paysages qui la mènent à la mer. La sécurité des systèmes d'information est un domaine en constante évolution et les menaces sont protéiformes, il est donc fondamental de savoir s'adapter pour mieux les contrer. De plus, la pureté de l'esprit, comparée à la pureté de l'eau dans le texte original, s'interprète comme la nécessité de rester concentré et de ne pas se laisser distraire par des éléments superflus, afin de mieux apprécier les enjeux et de prendre les décisions appropriées et contextualisées. Enfin, la comparaison de la tactique du combattant numérique avec le travail du charpentier peut être utilisée pour souligner l'importance de bien assimiler les principes fondamentaux de la cybersécurité, du plus petit détail à l'ensemble de la stratégie. C'est, selon la Voie, l'unique façon de protéger efficacement son système d'information contre les cyberattaques, notamment. Tout commence avec un plan.

Le troisième chapitre intitulé « Feu » traite des attaques en elles-mêmes. Les attaques peuvent être majeures ou quelconques, extravagantes ou fugaces. Dans ce chapitre, sont décrits les différents types d'attaques en ligne avec les méthodes utilisées par les cyberattaquants. Souvent, les méthodes d'assaut pour une attaque simple, pour un duel, peuvent être appliquées à des milliers d'attaques simultanées. Il faut être capable de considérer la situation dans sa globalité, ainsi que dans les plus infimes détails. Là où les *tengus* se cachent. L'ensemble est facile à comprendre, mais les détails sont difficiles à saisir, car les actions d'une multitude ne peuvent être modifiées rapidement, tandis que les actions d'un seul individu peuvent l'être facilement. Il ne faut pas perdre cela de vue. Dans le chapitre intitulé « Feu », il est question d'actions immédiates avec lesquelles il faudra vous familiariser par le jeu des entraînements et des exercices réguliers. Il faut s'habituer quotidiennement à la cybersécurité. En cas d'urgence, le cybercombattant doit être prêt et disposer d'un esprit immuable. Tout cela est décrit dans le chapitre « Feu ». Ces conseils procurent les uniques chances de survie et la promesse d'une victoire éclatante.

En transposant le texte original dans le contexte de la cybersécurité, on peut affirmer que le quatrième chapitre intitulé « Vent » concerne l'étude des tactiques et des méthodes utilisées par d'autres acteurs de la cybersécurité. Tout comme il est important de connaître les autres écoles et les tactiques utilisées par les pratiquants d'autres voies, il est essentiel de comprendre les pratiques et les méthodes utilisées par les cybercriminels, les concurrents et les acteurs malveillants en matière de piratage ou de cybercriminalité. En examinant les méthodes des autres protagonistes et des antagonistes, il est possible de mieux comprendre les vulnérabilités et les menaces auxquelles il faut faire face.

Enfin, le chapitre « Vide » qui est comme une invitation à s'affranchir de la théorie pour atteindre une voie libre et naturelle, celle de la pratique, celle où l'on agit spontanément selon l'instant présent, en s'appuyant sur une connaissance approfondie et une maîtrise totale de la situation et des événements.

## *École des deux sabres (dénomination de l'école de M. Musashi)*

En transposant les conseils de Maître Musashi dans le contexte de la cybersécurité, nous pouvons considérer que les « deux sabres » représentent les différentes méthodes de protection contre les attaques, à savoir les moyens défensifs et les moyens offensifs. Tout comme les sabres, ces méthodes doivent être maniables et accessibles à tout moment, afin de pouvoir être utilisées de manière optimale dans des situations d'urgence et sans faillir. Dans ce contexte, l'avantage du « port » des deux méthodes est de permettre une protection complète et plus efficace contre les cyberattaques, parfois par le biais d'une réponse. Cela demande une étude profonde et continue et des entraînements réguliers. Aussi, il est important de ne pas négliger l'importance de la formation des personnes concernées afin de garantir un usage correct et efficace des deux méthodes de protection. La sensibilisation des utilisateurs est aussi une arme efficace, mais qui, utilisée seule, ne sert à rien.

Dans le domaine de la cybersécurité, la référence aux deux sabres peut donc être entendue comme l'utilisation de deux outils ou méthodes complémentaires pour protéger un système. C'est ce que l'on pourrait appeler une défense combinée, comme si deux lignes étaient toujours présentes, l'une garante de l'autre, quoi qu'il arrive. De même que les sabres sont maniables indépendamment, chacun d'une seule main, les outils de cybersécurité doivent être utilisés de manière autonome, bien qu'il soit vital qu'ils puissent être maniés ensemble lorsque la situation l'exige. Le fait de s'accoutumer à manipuler ces outils de manière flexible, de savoir les combiner de manière judicieuse est essentiel pour une défense optimale. La Voie ajoute que l'entraînement est salvateur, car il est indissociable de la réalité.

Cependant, manier différents outils et techniques de défense peut sembler difficile pour les néophytes ou pour ceux qui ont une vision étriquée du sujet. C'est avec l'expérience et la pratique que les véritables professionnels de la cybersécurité deviennent de plus en plus à l'aise avec l'utilisation de ce « port » combiné. Il est important de se familiariser avec différents outils de sécurité pour savoir comment les utiliser efficacement en fonction des différents scénarios et des situations de sécurité auxquels on est confronté ; tout comme il faut pouvoir, dans une situation de contre-attaque, s'en servir de manière offensive.

Le maniement rapide des outils de sécurité

n'est donc pas l'essence de la cybersécurité, car il est essentiel de comprendre comment les différents outils fonctionnent, et comment appliquer scrupuleusement les méthodes idoines pour protéger les systèmes et les données. Comme dans la Voie du sabre, s'adapter aux différentes situations en utilisant les outils appropriés, que ce soit pour une attaque unique ou pour faire face à plusieurs attaquants, donnera accès à la victoire.

En cybersécurité, le détournement d'outils et de moyens peut également être utile pour mieux défendre les systèmes et les données. Il est décisif de comprendre comment utiliser chaque outil et comment le combiner à d'autres pour maximiser l'efficacité de la sécurité, même si au départ, ils ne sont pas prévus pour ça. Comme dans l'école de Musashi, la volonté de vaincre par n'importe quelle arme doit être appliquée à la cybersécurité, car l'objectif est toujours le même : sortir vainqueur du combat.

## *Connaître l'avantage de la tactique*

Le cybertacticien est celui qui maîtrise l'art de repousser les cyberattaques. Tout comme dans la Voie  martiale, chaque arme dispose de son propre nom et désigne parfois celui qui la manie. Dans la cybersécurité, chaque méthode de défense a son nom, comme les pare-feu, les outils de chiffrement, la détection d'intrusion, etc.

Cependant, la raison pour laquelle la cybersécurité est différente est qu'elle est à la base de l'ordre et de l'équilibre dans le macrocosme numérique, et que la virtuosité dans la cybersécurité est essentielle pour protéger la stabilité du monde digital. Si l'on atteint cette virtuosité, on peut se défendre contre une multitude d'attaques. Ainsi, dans la cybertactique, une attaque unique ou des milliers d'attaques sont considérées comme une seule et même chose, et nous appelons l'ensemble des règles d'engagement en cybersécurité : cybertactique.

Dans les arts martiaux, il existe différentes voies. Pour la cybersécurité, plusieurs écoles coexistent à côté du chaos de la méconnaissance. Tout l'art de la Voie de la cybertactique réside dans la combinaison des différentes approches et non dans l'unique penchant pour l'une ou l'autre. La seule voie est la Voie. Elle combine les principes de sécurité offensive et défensive.

Peu importe l'approche, il est primordial que le cybertacticien habile se spécialise dans la Voie qu'il a choisie et dans celles des autres. Il agit comme cela pour assurer la sécurité et la stabilité du système qu'il défend.

## Connaître les qualités de chaque arme

Généralement, les armes du samouraï sont destinées à certains types de combat, en fonction des circonstances rencontrées. Certaines s'avèrent plus adaptées dans les environnements restreints ou lorsque les adversaires sont proches, tandis que d'autres conviennent mieux pour repousser les attaques de masse. Le guerrier averti complète sa connaissance théorique des armes par la pratique, l'exercice et le combat.

En cybersécurité, certaines méthodes ou certains outils se révèlent plus efficaces que d'autres quand il s'agit de repousser les attaques largement distribuées. D'autres sont plus utiles pour contrer les attaques ciblées ou sournoises. Il ne faut pas se concentrer uniquement sur les détails et sur les fonctionnalités des outils et des méthodes, mais il convient de les pratiquer réellement afin d'en atteindre une parfaite maîtrise, et pas seulement en cas d'urgence. Il est aussi courant d'observer de nombreuses méthodes et outils sophistiqués qui tiennent plus de l'effet de mode que de l'efficacité. Ceux-là ne sont malheureusement pas utiles dans les situations réelles d'attaques ou de crises.

Ainsi, chaque outil, méthode ou technique a sa propre utilité, et peut être employé de manière spécifique. Il n'y a pas d'outil ou de technique parfaite, et encore moins de solution magique qui convienne à toutes les situations, sauf la Voie. Par exemple, la cryptographie est remarquablement efficace pour protéger les données sensibles, mais elle peut être laborieuse à utiliser dans des systèmes de communication en temps réel. De même, les pare-feu sont extrêmement utiles pour protéger les réseaux, mais ils peuvent être contournés par des attaquants expérimentés, et donc ne suffisent pas.

Il est vital de ne pas s'attacher avec trop d'orgueil et de certitude à un seul outil ou à une technique unique, même si les preuves en sont faites. Il faut ôter les émotions narcissiques au combat, ne pas être trop enclin à aimer ou à haïr tel outil ou telle technique particulière. Le cybercombattant qui emprunte la Voie doit être capable de réfléchir aux avantages et aux limites de chaque outil, méthode ou technique. Il est en mesure de choisir ceux qui conviennent le mieux à la situation rencontrée.

Comme pour les armes et les outils physiques, il est crucial que chaque élément composant le système de défense numérique soit solide et fiable, afin qu'il puisse résister aux attaques. Il en va de même, sinon plus, pour les outils liés aux phases offensives de la défense.

## À propos du rythme de la tactique

Dans les affaires de la guerre et du combat, comme dans la défense numérique, le rythme est l'une des clés de voûte du succès. Comme dans les domaines de la musique et de la danse, le rythme est essentiel pour une exécution efficace de la partition. Dans le domaine de la cybersécurité, le rythme peut se référer au rythme des attaques et des opérations défensives. Comme dans les arts militaires tels que le tir à l'arc ou l'équitation, tout obéit également au rythme et à la cadence. Le combattant aguerri discerne les rythmes ascensionnels et décadents des cyberattaques.

Pour ce qui concerne la cybersécurité, il existe différents rythmes, même s'ils peuvent paraître abstraits. Le rythme de la progression et de l'évolution technologique, le rythme des vulnérabilités, le rythme choisi par les assaillants et imposé aux défenseurs, et le rythme de la réponse aux incidents de sécurité. Il est important de discerner les rythmes différents pour pouvoir réagir efficacement aux menaces ; le cas échéant, on s'apprête alors à les revivre éternellement.

D'autres rythmes peuvent être observés comme ceux qui régissent la situation ordinaire et ceux qui sévissent en cas d'attaque, lorsque l'on est sous le feu de la menace. Ces rythmes diffèrent. Il faut être capable d'adopter le rythme qui convient, le rythme qui sied à la situation rencontrée, le rythme qui n'entrave pas le niveau de sécurité, qu'il soit lent ou prompt, complexe ou simple. En bref, la victoire possède son propre rythme. Tous les rythmes présentent des caractéristiques particulières et répondent à des enjeux bien définis. En particulier, si l'on ne saisit pas le rythme des menaces, la sécurité sera compromise.

Dans la sécurité des systèmes d'information, il est crucial de connaître les méthodes et d'identifier les rythmes imposés par les attaquants. Il faut s'y adapter, même s'ils sont imprévus, et se mettre dans la bonne posture pour les contrer. Il est alors possible de les vaincre en adoptant un rythme « vide », en partant d'un rythme inspiré de l'intelligence et de la conscience. Dans ce domaine, chaque aspect de la cybersécurité doit être abordé avec une attention particulière à son rythme, de sorte que l'on puisse renforcer efficacement le niveau de sécurité. La combinaison de moyens offensifs et défensifs permet d'accéder au rythme « vide ».

On peut interpréter la Voie de la cybertactique comme étant celle de la sécurité essentiellement périmétrique. Les principes énoncés par Miyamoto Musashi peuvent être appliqués comme suit :

- **Se détourner de toute pensée perverse :** ne pas verser dans la cybercriminalité même lorsque l'on se retrouve à utiliser des moyens offensifs.

- **Se forger dans la Voie en pratiquant soi-même, et non par le jeu des idées :** cela signifie qu'il est important de pratiquer la cybersécurité de façon réelle et de ne jamais se borner à étudier des théories.

- **Embrasser tous les arts, et non se limiter à un seul :** cela signifie qu'il est important de comprendre toutes les différentes facettes de la sécurité des systèmes d'information, y compris la cryptographie, la surveillance réseau, la protection des données, la gouvernance, la prospective, la gestion des risques…

- **Connaître la Voie de chaque métier, et non se limiter à celui que l'on exerce soi-même :** cela signifie qu'il est crucial de comprendre les besoins de sécurité de chaque secteur et de chaque entreprise ou organisation que l'on sert.

- **Savoir distinguer les avantages et les inconvénients de chaque chose :** cela signifie qu'il est important de comprendre les avantages et les inconvénients de chaque solution de sécurité pour pouvoir choisir la plus adaptée.

- **En toute chose s'habituer au jugement intuitif :** cela signifie qu'il est capital de développer une compréhension intuitive des menaces et des risques de sécurité. L'intuition peut s'acquérir à coups d'expériences.

- **Connaître d'instinct ce que l'on ne voit pas :** cela signifie qu'il est crucial d'être en mesure de détecter les menaces cachées.

- **Prêter attention aux moindres détails :** cela signifie qu'il est décisif de surveiller attentivement les systèmes et les données pour repérer toute activité suspecte.

- **Ne rien faire d'inutile :** cela signifie qu'il

est important de se concentrer sur les
mesures de sécurité qui sont les plus
efficaces et d'éviter de gaspiller du temps
et des ressources sur des choses inutiles et
futiles, en particulier celles qui ne servent
que l'ego.

Tous ces principes, énoncés par Miyamoto
Musashi, sont donc applicables dans le domaine
de la cybersécurité, et bien plus largement aussi.
Pour devenir un expert en cybersécurité, il
convient de s'exercer dans la Voie de la tactique,
en évitant les pensées perverses, en pratiquant
soi-même, en embrassant tous les domaines de la
cybersécurité, en connaissant la Voie de chaque
métier et en prêtant attention aux moindres
détails. Il convient aussi d'embrasser le paysage
d'une vue directe et vaste, de bien connaître la
tactique et de s'exercer sans relâche afin de
vaincre les adversaires, qu'ils soient nombreux ou
peu nombreux. Pour cela le cybertacticien peut
s'adjoindre du service des meilleurs experts pour
maintenir l'ordre et l'équilibre dans son système
d'information. C'est la seule manière de conserver
son honneur en tant que professionnel de la
cybersécurité. Quelques autres principes issus de
l'ouvrage original permettent aussi d'embrasser la
Voie de la cybertactique.

*<br>**

# EAU

L'esprit de la tactique se base sur la philosophie de l'eau, d'où l'on tire les moyens les plus efficaces pour protéger les systèmes d'information. Ainsi, ce chapitre est appelé « Eau », car y sont exprimés les maniements des outils et des techniques de cybersécurité selon l'école de Maître Musashi. Il est complexe d'exprimer en détail cette Voie comme il le faudrait. Bien que les mots soient insuffisants, l'essentiel ressortira de lui-même. Sur tout ce qui est écrit dans ce livre, il faut s'arrêter à chaque mot, chaque lettre, et les peser, afin de bien réfléchir. Si les lecteurs les survolent, alors ils s'éloigneront de la Voie.

Même si la théorie de la tactique exposée s'applique au combat entre deux adversaires, il faut la considérer également dans son sens le plus large, c'est-à-dire en tant que théorie pouvant s'appliquer à des milliers de systèmes d'information face à des milliers d'autres.

Toutes les erreurs de jugement et tous les égarements sur cette Voie, si minimes soient-ils, font irrémédiablement prendre un mauvais chemin.

Attention toutefois aux certitudes, car la simple lecture de ce livre ne saurait faire parvenir à la Voie de la cybertactique, et il faut éviter d'en considérer le contenu comme un simple recueil de principes. A contrario, il faut essayer d'adapter tout ce qui est dit à notre propre ressenti. Éprouvez vous-même ces théories en évitant l'imitation et le plagiat. Sans cesse, réfléchissez selon votre esprit, votre expérience et vos connaissances en cybersécurité. Vous en retirerez l'essence même du combat.

## Position de l'esprit au milieu de cette tactique

Dans la vie professionnelle du cybertacticien, l'esprit doit être en adéquation avec les enjeux et les objectifs poursuivis. Il en va de même pour les actions à accomplir. L'esprit doit être large, droit, sans être tendu ou relâché. Il faut éviter toute partialité en restant au juste-milieu, en équilibre. Sans émotion. Il est nécessaire d'agir tranquillement, sans jamais s'arrêter. Il faut être en mouvement, même s'il est imperceptible. Même si le corps agit avec vélocité, l'esprit ne doit pas être affecté. Il doit être indécelable par les autres et être animé d'une force puissante et immuable, même si en surface apparaît sa faiblesse. Il est important d'avoir conscience de tout ce qui se passe en lui, peu importe si l'on est face à un grand ou à un petit problème. L'esprit doit être droit et dégagé de tout sentiment négatif vis-à-vis de soi-même. Il faut en conséquence constamment rester concentré et vigilant, peu importe les circonstances et la situation. C'est le principe même du *sen no sen* qui permet à celui qui pratique les arts martiaux de déclencher sa riposte lorsque l'intention d'attaquer de l'ennemi germe encore en lui.

En sus de tendre vers l'esprit clair et large, il faut aussi faire montre d'une sagesse neutre pour pouvoir aborder efficacement la cybersécurité. Il est important de s'exercer et de polir continuellement nos compétences et notre savoir-faire, afin d'être en mesure de discerner les avantages et les inconvénients de chaque situation et de chaque action. En connaissant tous les aspects de la situation rencontrée, nous ne pouvons plus être trompés, et nous serons alors aptes à aborder la sagesse de la tactique au-delà même de notre métier.

Une sagesse bien différente des autres, car en cas d'attaque, il est crucial de garder son calme et de bien réfléchir pour accéder aux vérités qui composent la tactique. Il faut donc continuellement chercher à améliorer nos compétences et nos connaissances en cybersécurité, afin d'être efficaces même dans les situations les plus difficiles et les plus incongrues.

## *Position du corps au milieu de la tactique*

Au combat, l'attitude que l'on doit adopter doit être constante et rigoureuse. Le corps doit être bien positionné, la nuque droite, les épaules dégagées, et la colonne vertébrale ancrée dans le bon axe. Les mouvements doivent être précis et contrôlés, avec une concentration totale. Les yeux ne doivent pas errer, mais plutôt se concentrer sur l'objectif à atteindre, tout en évitant les mouvements brusques et les battements de paupières. Il est important de faire montre d'un visage décontracté et concentré, sans plisser le front ou tirer le nez.

Le comportement que l'on doit avoir dans la cybersécurité doit être une extension de notre comportement martial. Vigilance et rigueur dans une posture impeccable, voilà les meilleurs atouts décrits par la Voie.

## *Au sujet de la position des yeux dans la tactique*

L'importance de voir clairement et largement se transpose à la nécessité d'avoir une vision d'ensemble de son environnement numérique, de ses propres vulnérabilités et des menaces qui peuvent venir de l'extérieur ou de l'intérieur. Il est essentiel de savoir identifier les risques, même s'ils semblent lointains, et de ne pas les ignorer. De même, il est vital de connaître les outils et les méthodes utilisés par les attaquants, mais sans se concentrer exclusivement sur eux. Il faut obtenir une vue d'ensemble et être capable de voir au-delà des apparences. L'attaque et la défense sont le recto et le verso d'une même médaille.

La position des yeux, qui permet de voir de côté sans bouger les pupilles, se traduit par la nécessité de savoir surveiller son environnement sans se faire repérer, de manière discrète et subtile. Il est important d'avoir une posture constante dans la vie quotidienne et dans toutes les situations, afin de ne pas attirer l'attention sur soi. En cybersécurité, cela se traduit par le fait de prendre des mesures de sécurité cohérentes et constantes pour protéger ses données et ses systèmes, sans jamais relâcher sa vigilance discrète. Jamais !

## *Façon de tenir un sabre*

Pour manipuler un sabre, il faut que les doigts soient conscients et souples, que la main ne soit ni crispée ni relâchée, et que l'intérieur de la main ne soit pas lâche. Il est important de garder une position ferme et déterminée.

Le cybertacticien agit de la même manière en gardant toujours en tête l'objectif de tenir ses armes en alerte. Pendant les situations de crise ou les attaques, il est crucial de s'adapter à l'adversaire pour mieux le contrer, mais sans pour autant changer pour changer. Celui qui suit le flux de l'adversaire devient ce flux ; il est alors contrôlé par l'attaquant s'il ne prend pas garde. Il est fondamental de ne pas rester figé pour assurer la sécurité du système d'information, car une position figée correspond à une main morte. La flexibilité et la réactivité sont essentielles pour protéger efficacement les systèmes.

## Le mouvement des pieds

Un sabre à la main, la position des pieds doit être solide et stable, permettant une vue d'ensemble de la situation en étant ancré dans le sol. Les mouvements doivent être fluides et naturels, sans mouvements inutiles ou imprécis. Il est vital de présenter une approche équilibrée, en utilisant les deux pieds pour avancer, reculer, intercepter ou pourfendre.

En cybersécurité, cela se traduit par une approche équilibrée, un état de veille où la position défensive est correctement ancrée dans le système d'information. Bien sûr, être ancré ne signifie pas être figé, que du contraire. Couplés à la vision globale, les mouvements sont en adéquation avec la situation, avec l'exigence de la victoire. Le cybertacticien est toujours prêt à se mettre en mouvement, mais il doit rester concentré sur son équilibre et ne « déplacer l'autre pied que lorsque le premier est fermement assuré ».

## À propos des cinq façons de se mettre en garde

On peut transposer les conseils suivants comme une incitation à adopter une posture proactive face aux cybermenaces. Les cinq façons de se mettre en garde pourraient correspondre à des stratégies de défense à adopter selon la nature de la menace et la situation vécue :

- La première position (sabre dirigé en face de soi dans le texte original) pourrait correspondre à une posture d'alerte générale, qui permettrait de se préparer à toute menace éventuelle, l'idée étant de ne pas être pris au dépourvu.
- La deuxième position (sabre au-dessus de la tête dans le texte original) pourrait correspondre à une posture de défense renforcée et concentrée face à la menace imminente et considérable.
- La troisième position (pointe du sabre dirigée vers le bas dans le texte original) pourrait correspondre à une posture d'extrême vigilance, qui permettrait de se

concentrer sur la protection des éléments vitaux du système.

- Les deux dernières positions (sabre dirigé vers la droite et vers la gauche dans le texte original) pourraient correspondre à des stratégies spécifiques à adopter en fonction de la situation, comme isoler une partie du système vulnérable ou renforcer les défenses d'une zone sensible en s'adaptant aux mouvements de l'adversaire.

L'essentiel est de toujours garder à l'esprit que ces postures ont un but unique : se protéger de la menace et préserver le système. Comme pour la Voie de la tactique du sabre, la posture adoptée en matière de cybertactique doit être équilibrée, proactive, anticipative et adaptée aux circonstances rencontrées ou envisagées.

## À propos de la Voie du sabre

Connaître la Voie du sabre signifie que si l'on intègre bien les principes de la Voie, même en utilisant exclusivement quelques-uns des outils de sécurité dont on se sert habituellement, nous sommes capables de les utiliser avec une grande aisance. C'est en essayant d'appliquer des méthodes justes et en mettant tout en œuvre pour acquérir les bons réflexes avec les outils idoines que l'on évite de commettre des erreurs. On n'improvise pas la planification ou la préparation.

Une utilisation simple et fluide exige une pratique complexe et régulière. Il est donc préférable de travailler calmement avec vos outils et vos armes de défense pour que leur utilisation soit plus aisée. C'est encore plus vrai avec les moyens offensifs !

Car c'est justement en essayant d'utiliser les outils trop rapidement ou aléatoirement, sans préparation, en se perdant dans la précipitation, et sans une connaissance approfondie de leur fonctionnement que l'on risque de compromettre leur efficacité et donc la victoire, le but pourtant poursuivi. L'utilisation des outils et des armes doit se faire de manière réfléchie, en suivant les meilleures pratiques pour éviter d'élargir le champ d'erreurs.

Si vous assimilez bien ces méthodes et que vous utilisez les outils défensifs et offensifs selon les bonnes pratiques, non seulement leur utilisation n'en deviendra que plus aisée, mais vous serez dotés de réflexes inégalés. Nul ne pourra vous défaire.

S'exercer régulièrement améliore la maîtrise des outils et donne de l'assurance pour toutes les autres choses de la vie.

## Le contenu des cinq postures

Dans le contexte de la cybersécurité, on peut interpréter les différentes « figures », les manières de tenir le sabre, comme les techniques de défense et d'attaque utilisées dans la protection de systèmes d'information. La notion de sécurité offensive doit s'inscrire dans la réflexion du combattant numérique. Adopter des postures strictement défensives entraîne un statut de victime, non pas de combattant.

Par exemple, la première figure qui consiste à orienter la pointe du sabre vers le visage de l'adversaire peut être interprétée comme une posture de surveillance des systèmes en identifiant les menaces et en se préparant à les repousser, à les combattre.

De même, la deuxième figure qui consiste à abaisser brusquement le sabre sur l'adversaire peut être interprétée comme une technique de réaction rapide à une attaque ciblée sur un système informatique. Cela peut se faire en utilisant des contre-mesures appropriées pour contrer l'attaque avant d'appuyer le coup sur l'assaillant.

Les cinq postures essentielles de « l'école des deux sabres », celle de Miyamoto Musashi, sont décrites ci-après.

### Première posture

La première posture se traduit par la position de défense initiale ; celle où l'on est prêt à parer une attaque. La pointe de notre « sabre » (c'est-à-dire notre système de défense) doit être dirigée vers l'attaquant, et le dos de la lame vers ce qu'il visera en premier lieu, à savoir les vulnérabilités potentielles, en l'occurrence les points d'entrée des cyberattaques. Lorsque l'attaque survient, il est important de se déplacer rapidement pour intercepter l'offense à sa source dans le but de la contrer au plus vite. Si l'attaque réussit, il faut réagir prestement pour réduire les dommages causés et pour isoler la partie touchée du reste du système. En pratiquant ces mouvements, nous pouvons comprendre les trajectoires d'une attaque et être mieux préparés à y faire face.

*Seconde posture*

La deuxième posture correspond à la mise en place d'une stratégie de défense où l'on surveille activement les vecteurs de risques et les signes avant-coureurs d'une attaque, tout en conservant une posture élevée, prêt à agir promptement en cas d'attaque, prêt à fondre sur l'attaque de l'adversaire. Lorsque la menace se matérialise, il faut réagir avec célérité en redoublant la défense pour contraindre l'attaquant à se retirer avant qu'il ne puisse occasionner de nouveaux dommages ailleurs. Si la première tentative échoue, il faut rester vigilant et être prêt à réagir de la même manière à la tentative suivante. En s'exerçant régulièrement à ce type de posture, on améliore sa capacité à reconnaître les menaces et à opérer efficacement. Peut-être un jour, pourrez-vous les prévoir avant même qu'elles ne surviennent.

*Troisième posture*

La troisième posture correspond à la mise en garde avec la pointe du sabre dirigée vers le bas comme si l'on portait quelque chose. Cette posture consiste à feindre une certaine nonchalance. Ce faux comportement a pour but de tromper l'adversaire. Une fois le système de défense activé, les outils «remontent» telle la pointe du sabre vers l'attaque de l'ennemi pour stopper son initiative, pour le surprendre. L'utilisation d'outil de tromperie entre tout à fait dans le cadre de cette posture. Réfléchissez-y !

*Quatrième posture*

On maintient une vigilance constante sur les tentatives d'intrusion ou d'attaque contre le système d'information. Lorsqu'une telle attaque est détectée, il est important de réagir rapidement en utilisant les outils et les techniques appropriés et adaptés pour contrecarrer l'attaque. La surveillance continue des tentatives d'attaque peut permettre de détecter les modèles et les tendances qui peuvent être utilisés pour renforcer les défenses du système. De plus, il est important d'avoir une stratégie en place pour intercepter les attaques, leurs signes avant-coureurs, et pourfendre les cybercriminels, en utilisant des techniques telles que la détection d'intrusion, le chiffrement et l'utilisation de pare-feu et de solutions antivirales efficaces.

*Cinquième posture*

La cinquième posture qui consiste à relever obliquement le sabre du côté droit ou gauche peut être interprétée comme une technique d'attaque ciblée sur les vulnérabilités connues d'un système informatique, en utilisant une stratégie qui exploite les faiblesses de l'adversaire. C'est dans ce cadre que la notion de sécurité offensive prend tout son sens. Seul l'habile tacticien saura la mettre en œuvre.

En bref, les différentes figures de positionnement de garde décrites par Miyamoto Musashi peuvent être interprétées comme des stratégies et des techniques de cybersécurité pour protéger les systèmes d'information contre les attaques malveillantes. Méditez sur cela !

## Sur la recommandation « prendre garde sans prendre garde »

Transposé au domaine de la cybersécurité, « prendre garde sans prendre garde » indique que l'on doit être vigilant en permanence sans pour autant adopter une position de défense fixe. Tout comme pour les cinq positions de garde du sabre, il est vital d'adapter constamment notre posture défensive en fonction de la situation et de la nature de la menace ou du risque que sa matérialisation représente. L'essentiel est d'être en mesure de se protéger contre les menaces provenant de toutes les directions, en fonction des circonstances et de l'environnement. Ainsi, cette posture est valable dans n'importe quel espace, à n'importe quel moment.

Lorsque nous évaluons le niveau de sécurité de notre système d'information, nous devons également prendre en compte les circonstances et les risques encourus ou redoutés, c'est-à-dire que nous devons contextualiser notre stratégie, la décliner en tactiques. Certes, nous pouvons modifier notre posture défensive en fonction de différents facteurs, en passant d'une position de vigilance extrême à une position plus détendue en apparence, ou en adaptant notre posture en fonction des menaces spécifiques auxquelles nous sommes confrontés. En gardant cette flexibilité, nous pouvons mieux nous protéger contre les attaques et réduire les risques de violation du système d'information.

Le principe de « prendre garde sans prendre garde » signifie aussi qu'il n'y a pas de posture unique pour se protéger contre les attaques. Cependant, on peut diviser les positions de protection en différents moyens pour mieux concevoir notre système de défense, et ce, toujours en tenant compte des capacités de notre adversaire et des opportunités qui s'offrent à lui.

L'essentiel dans tout cela est d'être prêt à

contrer les attaques venant de toutes les directions possibles, en fonction des conditions, de l'adversaire et du contexte. Il ne faut donc pas se limiter à intercepter, bloquer, ou contourner les attaques, mais il faut plutôt les considérer comme des opportunités pour contrer l'adversaire en utilisant sa propre force. On ne doit en aucun cas gâcher l'opportunité occasionnée par l'erreur de l'adversaire.

Dans la tactique défensive, être flexible et s'adapter en permanence aux changements du contexte se traduit par rester en vie. Jamais il ne faut rester figé dans une posture de base ; il est plus intelligent de considérer chaque événement comme une opportunité de riposter, pour mieux pourfendre l'adversaire au coup suivant.

## Coup selon un seul rythme pour pourfendre l'adversaire

Le « rythme unique » se traduit par une attaque rapide et directe contre une tentative d'intrusion ou de piratage. L'idée principale est de frapper vite et efficacement avant que l'adversaire ne puisse réagir ou prendre une nouvelle décision. Il faut attaquer sa flexibilité. Cette contre-attaque se passe au moment qui suit le coup défensif. Cela peut se traduire par l'activation de mesures de blocage ou d'évitement, ou encore par une riposte rapide et coordonnée dans le cadre d'une réponse offensive. S'entraîner à ces phénomènes permet d'acquérir une certaine maîtrise de la chose. Ici, comme pour les autres conseils formulés par Miyamoto Musashi, l'empirisme offert par l'entraînement fera la différence au combat, et accordera l'avantage à celui qui maîtrise les éléments.

## Sur le rythme secondaire des reins

Le « rythme secondaire des reins » peut être comparé à l'utilisation de techniques de feinte. Dans le cadre de la cybersécurité, on pourrait parler d'utilisation de contre-ingénierie sociale. Lorsqu'un attaquant essaie d'obtenir des informations sensibles comme des identifiants de connexion, la victime peut initialement se méfier et être sur ses gardes. Dans ce cas, l'attaquant peut simuler une situation d'urgence ou de crise, condamnant la victime à se relâcher et à agir rapidement pour résoudre le problème. L'attaquant peut alors exploiter ce moment de faiblesse pour obtenir les informations souhaitées. C'est ainsi que le « rythme secondaire des reins » utilisé dans le cadre défensif peut être appliqué pour tromper l'assaillant en lui fournissant de fausses informations. Cette arme peut être retournée contre l'adversaire, soit de manière directe soit de manière indirecte.

## Le coup « sans pensée, sans aspect »

Le coup « sans pensée, sans aspect » peut être comparé à une réponse fulgurante et automatique, en temps réel. Dans le cadre de ce coup, lorsqu'une menace est détectée, il ne faut pas hésiter et réagir immédiatement en utilisant les mesures de sécurité appropriées pour contrer l'attaque et induire l'adversaire en erreur. Le fait d'avoir prévu et d'avoir mis en place des protocoles de sécurité efficaces et automatiques (en les ayant testés au préalable bien sûr) permet de réagir sans même y penser, avec la rapidité nécessaire pour créer l'effet miroir. L'attaque et sa riposte sont concomitantes. Il est donc crucial de s'entraîner à de nombreuses reprises. Tout comme il est vital de se familiariser avec les mesures de sécurité appropriées afin de pouvoir les appliquer sans hésitation lorsque le temps de l'attaque sera venu.

## Le coup du cours d'eau

Le « coup du cours d'eau » peut être comparé à la situation où un adversaire cherche à esquiver une contre-attaque de manière inattendue et anarchique. Dans ce cas, garder son calme en adoptant une réponse fluide représente assurément la meilleure approche. Dans ce cas de figure, il faut élargir notre compréhension de l'environnement et de l'adversaire, y compris du système de sécurité qui le protège, et trouver la zone où le pourfendre rapidement et avec force.

Cela nécessite une estimation précise de sa position suivante et de sa puissance, ainsi que de sa capacité à manier les outils adaptés. Agissez ici avec agilité et souplesse. Une fois que vous maîtrisez cette approche, vous possédez une tactique efficace pour faire face à n'importe quel ennemi enclin à user de modes défensifs forts. Dans ce cas précis, il s'agit d'une approche défensive équilibrée entre la défense et l'attaque. Il faut savoir user de l'une pour compléter l'autre.

## Éraflure au hasard

Lorsque vous êtes attaqué par un adversaire zélé, puissant, mais désorganisé, ce dernier peut tenter de contourner vos mesures de sécurité en utilisant différentes techniques, dont des leurres. Dans ce cas précis, la vitesse de réaction devient un facteur clé du succès. Frappez l'attaquant soit en interceptant sa tentative, soit en bloquant son accès, soit en identifiant et en éliminant la vulnérabilité dans votre système. Frappez au hasard, mais frappez. Peu importe où, l'important est de prendre des mesures rapides pour protéger votre système et pour occuper l'esprit de l'ennemi. Il est vital de bien maîtriser cette technique, car les attaques de ce type sont fréquentes, mais néanmoins ravageuses. Exercez-vous bien afin de savoir comment réagir en cas d'attaque de ce type.

## *Éraflure rapide comme une étincelle*

En cybersécurité, «l'éraflure rapide comme une étincelle» peut être comparée à une riposte immédiate, très vigoureuse et puissante face à une attaque qui vise à compromettre la sécurité d'un système d'information de façon précise et structurée. Si les deux adversaires, dans ce cas-ci les attaquants et les défenseurs, se retrouvent dans une situation de confrontation miroir, il faut réagir en attaquant la posture de l'adversaire et non sa tactique. Le but est de le déséquilibrer, de lui faire prendre conscience de quel côté se trouve la force, sans pour autant faire preuve de surestimation de soi. Cela exige une préparation consistante et des compétences accrues en matière de cybersécurité. Ici, l'expérience fera la différence. Et cette différence ne s'acquiert que par l'expérience. Reste à savoir si le cybertacticien intelligent privilégie l'exercice aux situations de crise.

## *Coup de feuille d'érable*

Le «coup de feuille d'érable» peut être transposé dans l'esprit par les techniques de désarmement. Si un attaquant tente de compromettre votre système ou d'accéder à vos données, vous pouvez tenter de le désarmer en perturbant la tentative d'attaque intrinsèquement, en la repoussant par le biais d'opérations de sécurité offensive qui paralyseront ses armes. Vous pouvez utiliser des techniques de défense régulières, telles que les pare-feu, les solutions antivirales et les logiciels de détection de comportement. Mais vous pouvez aussi faire appel aux outils plus offensifs pour contrer l'attaque de façon plus indirecte, plus circulaire. Si l'attaquant est en mesure de contourner vos mesures de défense, vous ne disposerez pas d'autres choix que celui de le désarmer, de neutraliser le système avec lequel votre adversaire vous attaque. L'idée majeure est de rendre son système inefficace et de transformer sa motivation en peur, d'instaurer l'idée de la fuite dans son esprit, car dépourvu de ses armes. User de cette tactique nécessite la combinaison de techniques différentes, mais elle exigera une excellente compréhension non seulement de la façon dont les attaques sont menées, mais aussi une maîtrise totale des armes utilisées par l'adversaire. Seule la pratique régulière de cette tactique mène à la Voie.

## À propos de ce qui remplace le sabre

Le « corps qui remplace le sabre » peut être considéré comme le système de défense qui relègue, durant l'attaque, le facteur humain au second plan. Dans ce cadre, lorsqu'un système de sécurité est confronté à une attaque, il agit de manière autonome et indépendante, sans dépendre de l'intervention humaine. Selon les formes d'attaque, le système de sécurité prend une forme semi-défensive, semi-offensive pour repousser l'attaque. La mise en place de scénarios de tests équivaut à l'entraînement qui permet de maîtriser ce principe.

## Au sujet des coups et des éraflures

Les « éraflures » peuvent être assimilées aux tentatives d'intrusion mineure ou aux scans de vulnérabilités. Tandis que les « coups » sont les attaques intentionnelles et malveillantes. Les « éraflures » sont à considérer comme les signaux d'alerte indiquant qu'un adversaire tente de trouver des failles aux frontières de votre périmètre, tandis que les « coups » attestent que des attaques sérieuses visant à perturber ou à compromettre votre système sont imminentes. Il est important de distinguer les deux modes, car ils nécessitent des mesures adéquates et adaptées pour s'en protéger. Cela est d'autant plus vrai lorsque les attaques sont simultanées ou immédiatement consécutives.

## Position du singe de l'espèce aux mains courtes

La « position du singe de l'espèce aux mains courtes » peut se traduire par l'observation avant la riposte. Lorsque vous vous approchez d'une situation défavorable, ne vous précipitez pas trop avant que la menace ne se manifeste. Au lieu de cela, gardez votre attention sur la situation globale et sur les signes avant-coureurs qui annoncent l'affrontement. Si vous vous précipitez pour utiliser vos outils offensifs, vous risquez de perdre le contrôle de la situation. Par ailleurs, il est préférable d'adopter une approche plus globale et de ne pas se focaliser sur une seule arme défensive. En gardant votre système et votre esprit en alerte, vous serez en mesure de réagir rapidement et efficacement à la menace qui se matérialise. Réfléchissez-y bien.

## *Position des corps adverses comme s'ils étaient laqués ou collés*

La «position des corps adverses comme s'ils étaient laqués ou collés» peut se traduire par la nécessité de rester collé à l'attaque, à l'adversaire. Lorsqu'une attaque est détectée, il peut s'avérer avantageux de rester collé à l'action pour empêcher l'adversaire de s'échapper ou de causer des dommages supplémentaires après avoir pris une position de recul. Dans ce cas de figure, la vitesse de rapprochement est un facteur de succès. Il faut alors veiller à ne pas laisser d'espace à l'adversaire, vous l'empêcherez ainsi de pouvoir réagir voire de s'échapper. Il ne faut pas perdre de vue qu'en cas d'attaques réussies, les cybercriminels peuvent occasionner des dommages considérables et profonds, donc il est essentiel de rester collé à l'attaque et de la neutraliser le plus précocement possible.

## Concours de taille

Cette technique peut être transposée à la posture et à l'attitude que l'on adopte en face d'un adversaire lors d'une confrontation virtuelle. Il est important de ne pas se laisser intimider par l'adversaire. Il convient de rester ferme et droit dans notre position, tout en étant prêt à se rapprocher de lui rapidement pour prendre des mesures défensives ou offensives en fonction des circonstances. Lors de la confrontation, il faut conserver la même attitude. Il ne faut jamais paraître faible ou vulnérable là où on l'est réellement. On peut toutefois se montrer fort et confiant, prêt à faire face à tous les défis qui se présentent, à condition de l'être.

## Adhérez bien

Lorsqu'un adversaire tente de s'infiltrer dans votre système et que vous cherchez à accéder en même temps au sien, il peut arriver que vous rencontriez des obstacles tels qu'un pare-feu ou d'autres mesures de défense. Dans ce cas précis, il est nécessaire de bien adhérer à la défense en place sans y mettre trop de force, mais avec l'intention de ne plus s'en détacher avant le coup fatal. Il faut alors se rapprocher de l'adversaire, en suivant les mouvements de l'attaque et en cherchant à les intégrer dans votre propre stratégie de défense. Il est également important de distinguer l'adhérence de l'enchevêtrement, qui peut affaiblir votre propre défense en y introduisant de nouvelles vulnérabilités.

## Foncez sur l'adversaire avec votre corps

On peut notamment être prêt à foncer sur les problèmes de sécurité dès qu'ils se présentent. Cela signifie se rapprocher rapidement des menaces et de leurs vecteurs, et prendre des mesures immédiates pour les contrer. Il faut être prêt à agir avec souplesse et rapidité pour éviter d'être pris au dépourvu. Si vous vous êtes bien entraîné à cette technique, vous pourrez détecter rapidement vos failles de sécurité et y remédier totalement avant que des dommages ne soient causés. Avec de la pratique, vous pourriez même évaluer les failles adverses et, dans une démarche offensive, en profiter pour prendre l'ascendant. Exercez-vous à détecter rapidement les problèmes de sécurité et à agir avec force pour les résoudre.

## Trois sortes d'interception

La première sorte d'interception consiste à viser les vulnérabilités du système adverse pour intercepter l'attaque de votre adversaire, comme si vous vouliez le piquer avec votre meilleure arme. Ensuite, déviez l'attaque en le bloquant.

La deuxième sorte d'interception est appelée « interception en fente ». Interceptez l'attaque adverse à l'aide d'un pare-feu ou d'un système de détection d'intrusion en visant la source de l'attaque et en bloquant l'accès. Rendez votre adversaire aveugle, et jamais il ne connaîtra le véritable résultat de son acte. Obligez-le à se découvrir.

La troisième sorte d'interception prévoit que si votre adversaire tente d'attaquer votre système avec une méthode rapide et peu sophistiquée, vous ne chercherez pas à intercepter l'attaque, mais vous protégerez votre système avec des outils de sécurité plus simples comme des outils de filtrage ou d'interception de paquets, tout en étant vigilant sur les zones plus sombres de votre système.

Voilà pour les trois principales sortes d'interception. Dans tous les cas, il est important de disposer d'outils de sécurité bien configurés pour protéger votre système, comme si vous vouliez serrer le poing gauche pour vous préparer à vous défendre. Exercez-vous souvent au combat.

## *Piquer le visage de l'adversaire*

Dans le contexte de la cybersécurité, cela peut être interprété comme chercher les vulnérabilités du système utilisé par votre adversaire ; exception faite lorsque ce dernier retourne votre propre système contre vous. Tout comme le sabre et le corps de l'adversaire sont enchevêtrés, les systèmes de défense sont souvent complexes et difficiles à comprendre. Cependant, en cherchant à titiller ses points de faiblesse, vous pourrez trouver des vulnérabilités que vous exploiterez pour accéder au système de l'attaquant, dans le but de le déséquilibrer puis de le neutraliser. Si vous réussissez à trouver une vulnérabilité critique, vous pouvez déjouer les mesures de sécurité et atteindre votre objectif rapidement. Cependant, il est important de noter que l'objectif doit être légitime et éthique, et que vous devez vous assurer de ne pas violer la loi ou la vie privée d'autrui dans ce processus complexe. Le concept de légitime défense numérique n'existe pas encore, malheureusement.

## *Piquer le cœur de l'adversaire*

Lorsqu'un attaquant tente de pénétrer au cœur de votre système et que vous n'êtes pas en mesure de le bloquer avec les mesures de sécurité traditionnelles, il faut chercher à « piquer » son cœur, c'est-à-dire son point vulnérable, afin de l'arrêter. Cela peut se faire en disposant des pièges ou des leurres pour attirer l'attaquant et le faire tomber dans une zone contrôlée où il peut être isolé, voire éliminé. Il est important de bien réfléchir aux moyens de dissuasion et de défense pour protéger votre système et vos données, surtout si vous savez être vulnérable.

## *Interception en claquant*

La méthode de « l'interception en claquant » peut être considérée comme une technique permettant de contrer une attaque en déclenchant une alerte de sécurité chez l'attaquant. Le but est de rapidement (re)prendre le contrôle de la situation. Lorsqu'un système informatique est attaqué, il est vital de détecter rapidement l'attaque, de clouer au sol les armes de l'attaquant en activant les mesures de sécurité. Mais ce n'est pas tout, la suite de cette technique est de riposter en portant un coup « claquant » à l'adversaire pour le déstabiliser, pour l'obliger à se porter secours. Il est sage d'être rapide et réactif pour conserver l'initiative et éviter les dégâts, sans jamais oublier que les dégâts causés à l'adversaire auront toujours plus d'impact sur son mental que sa fierté de constater ceux qu'il vous a infligés.

## *Au centre d'une mêlée*

La situation décrite par Miyamoto Musashi

nommée « être au centre d'une mêlée » peut être comparée à une attaque d'assaillants provenant de différentes sources. Lorsque vous êtes seul face à plusieurs attaquants, il est important de rester calme et de ne pas paniquer. Il faut savoir identifier les premiers assaillants et les attaques qui sont les plus menaçantes. Vous devez y répondre en priorité. Il est également vital de ne pas se focaliser sur un seul type d'attaque, sur une seule origine. Le salut pourrait bien venir de la surveillance des endroits d'où pourraient provenir les coups.

Dans ce cas précis, tirez parti de toutes les ressources dont vous disposez pour vous défendre. Utilisez les outils de sécurité de base pour vous protéger contre les attaques les moins sophistiquées. N'hésitez pas à utiliser plusieurs types d'outils de sécurité pour sécuriser les différents actifs de votre système. L'empilement défensif représente l'une des clés de voûte d'une sécurité optimale. Pensez-y !

Étudiez les mouvements des attaquants. Cherchez leurs points faibles pour pouvoir les contrer durablement et efficacement. Ne vous contentez pas de répliquer à chaque attaque, mais cherchez plutôt à reprendre l'initiative et à attaquer à votre tour, à riposter dans une démarche globale. Si vous n'osez pas attaquer votre adversaire frontalement, attaquez sa stratégie, défiez sa tactique. N'attendez pas passivement que les assaillants vous attaquent, mais cherchez à anticiper leurs mouvements pour pouvoir mieux les contrer. N'oubliez jamais que l'on ne saisit pas l'absence.

Enfin, il est important de vous entraîner régulièrement lors de simulations d'attaques contre votre système. La pratique est essentielle pour développer vos compétences et celles de votre équipe en matière de cybersécurité. C'est le prix à payer pour être capable de faire face aux attaques, même lorsqu'elles surviennent dans les temps critiques. Réfléchissez bien à l'approche que vous allez choisir. Cherchez à améliorer constamment vos compétences que ce soit en matière de cybersécurité ou dans des domaines plus larges, connexes ou pas. Ne négligez jamais d'améliorer les compétences de vos alliés afin que ces derniers ne se transforment pas en point de faiblesse.

## Sur l'efficacité des échanges de coups

Les « échanges de coups » peuvent être comparés aux interactions et aux affrontements entre les attaquants et les défenseurs, système contre système. De la même manière que dans un combat au sabre, l'efficacité des échanges détermine qui sortira vainqueur du duel. En cybersécurité, l'efficacité des échanges entre les attaquants et les défenseurs détermine aussi l'issue

CYBERTACTIQUES

du combat. Cependant, il est difficile de donner une explication détaillée de l'efficacité des «échanges de coups», car cela dépend des circonstances spécifiques de chaque situation. La compréhension de la victoire dans la cybersécurité nécessite une étude assidue et une compréhension approfondie des tactiques de sécurité et des outils de défense disponibles. Sans oublier de connaître son adversaire comme l'on se connaît. En somme, l'efficacité des échanges entre attaquants et défenseurs est l'expression de la Voie véritable de la cybersécurité, et la compréhension de cette voie ne peut être que verbale.

## *Au sujet d'un seul coup*

La tactique du «coup unique» fait référence à la capacité à identifier rapidement la source d'une attaque ou d'une menace, puis à prendre une mesure efficace pour y remédier en un seul coup. Pour mettre cela en place, il faut pouvoir porter un coup fatal au bon endroit. Cela induit une excellente compréhension de l'adversaire et de son système de défense, mais aussi de ses capacités futures. Le «coup unique» pourrait aussi être comparé à la botte secrète si chère aux escrimeurs européens. L'application de cette méthode demande un entraînement constant couplé à une amélioration continue du «coup». En aucun cas, on ne saurait rester dans l'immobilisme, dans le contentement de soi.

## *Sur la position de l'esprit pénétrant*

L'esprit pénétrant peut être transmis par la connaissance de la véritable Voie. Il est important de bien s'adapter à cette tactique en exerçant son système et en connaissant les différents processus nécessaires menant à la victoire. Tout d'abord, il est nécessaire de bien connaître les différentes techniques de cybersécurité, d'assouplir son esprit et ses connaissances en étudiant les trajectoires des cyberattaques. Il faut ensuite être capable de saisir le rythme de la Voie grâce à un jugement correct, de perfectionner ses compétences jusqu'à ce qu'elles deviennent naturelles, et enfin, d'évoluer en toute liberté tout en combattant chaque adversaire de manière réfléchie.

Dans les phases de préparation et d'entraînement, il est important de ne pas se hâter et de prendre le temps d'apprendre chaque axiome de la cybersécurité, en pratiquant continuellement l'art de se défendre et de contre-attaquer. Il est également important de s'exercer à combattre contre toutes sortes de cyberattaques afin de comprendre les différents mécanismes ainsi que les pensées sous-jacentes des cybercriminels. En empruntant ce chemin, vous pouvez acquérir l'intelligence nécessaire pour faire face aux cyberattaques de manière efficace et sécurisée. Forgez-vous par l'étude de la cybersécurité chaque jour et polissez-vous pour devenir de plus en plus compétent. Il faut bien y réfléchir et continuer à apprendre tout au long de sa vie.

\*\*

# FEU

Dans un contexte martial, on peut comparer la tactique de l'école de Musashi à un feu qui brûle continuellement. Beaucoup trop de gens considèrent la tactique comme un assemblage de techniques et de procédures ou comme un empilement de technologies. Or, il n'en est rien.

La cybertactique consiste à maintenir le feu, à le nourrir, sans jamais baisser la garde, même si l'on affiche l'attitude contraire. Tout comme le feu, l'esprit du combattant a besoin d'être nourri, dépendamment des conditions dans lesquelles se trouve le guerrier. Nous devons rester en vie pour combattre nos ennemis ; nous montrer éveillés et être capables de discerner les principes de la vie et de la mort. Même dans un combat où l'on risque sa vie et où l'on est seul contre plusieurs adversaires, notre tactique doit nous permettre de connaître avec certitude le chemin de la victoire.

Il n'y a pas de différence dans le principe entre un combat à un contre dix et un combat à mille contre dix mille. Cependant, il est impossible de réunir mille ou dix mille personnes pour s'entraîner tous les jours. Il faut donc être capable de découvrir les stratagèmes d'un adversaire supposé lorsqu'il se forme en masse, de juger ses forces et ses faiblesses, et d'intégrer les moyens d'obtenir la victoire grâce à l'intelligence de la tactique. Ainsi, en forgeant notre esprit et en nous entraînant sans relâche, nous continuons à entretenir le feu. Ce feu est synonyme de vie.

## Au sujet de la topographie des lieux de combat

Le choix de l'emplacement du combat est vital. Il est important de choisir un emplacement physique adéquat pour les actifs à protéger, comme les serveurs et les équipements réseau. Cela réduit notamment les risques de vulnérabilités physiques. Il faut éviter les endroits avec des accès faciles, les pièces où les intrus pénètrent à leur guise, ainsi que les lieux exposés aux conditions environnementales qui pourraient endommager les équipements.

Ensuite, une fois que la sécurité physique de l'environnement est mise en place, il faut le surveiller en permanence. L'analyse des moyens d'accès, la sécurisation des équipements de sécurité périmétriques et la surveillance des lieux physiques doivent se faire de la même manière que l'on gère les lieux virtuels pour lesquels on surveille et analyse le trafic et les activités des utilisateurs. Il faut également empêcher les intrus de voir et d'identifier certaines choses comme les caractéristiques du matériel ou la nomenclature des équipements du réseau et des systèmes. Pensez-y !

L'habile cybertacticien est capable d'amener son adversaire à l'affrontement sur le terrain qu'il connaît le mieux. C'est ainsi qu'il décide de l'issue de la cybervictoire.

Ce qui a cours dans l'éther doit avoir cours dans la vraie vie.

## *Trois façons de prendre l'initiative*

« Prendre l'initiative d'attaquer en premier ». Cette tactique est souvent utilisée pour provoquer l'adversaire. Il faut préparer cette attaque en analysant les faiblesses et les défauts de l'adversaire et en utilisant des techniques adaptées.

« Prendre l'initiative lorsqu'on est attaqué ». Cette tactique consiste à attaquer immédiatement après avoir anticipé l'attaque de l'adversaire et avoir prévu une réponse appropriée, peut-être sous forme de riposte. Il est important de rester vigilant et de répondre rapidement pour éviter toute intrusion connexe.

« Initiative mutuelle » : lorsque l'attaquant et le

défenseur se livrent simultanément à une action, l'issue du combat est en partie déterminée par le mental du meilleur combattant. Il est donc essentiel de comprendre la teneur de l'action de l'attaquant et ses conséquences pour réagir, tout en s'assurant la victoire.

En cybersécurité, « prendre l'initiative » signifie être en mesure de gérer les vulnérabilités de son système, de mettre en place des mesures de sécurité efficaces, de surveiller les activités suspectes et de répondre ou de riposter rapidement lorsque survient l'attaque. Il est vital de bien préparer les stratégies en fonction des circonstances et de l'avantage qu'elles présentent sur le moment même et dans celui d'après. En adoptant une approche proactive, il est possible de parvenir à la victoire grâce à l'intelligence de la cybertactique. Il est donc essentiel de s'exercer régulièrement pour être prêt à faire face à tout type d'attaque.

## *Presser l'oreiller de l'adversaire*

« Presser l'oreiller de l'adversaire » signifie empêcher l'adversaire de prendre l'initiative dans une situation donnée. Dans un combat, il est fatal d'être manipulé par l'adversaire ou d'agir avec retard, de perdre le contrôle du temps. Il faut manipuler l'adversaire selon notre volonté, guider ses pas, choisir le chemin qu'il prendra dans l'instant suivant. Cela revient à manipuler le rythme et le temps. Mais attention, tout comme vous avez l'intention de manipuler l'adversaire, il en va de même pour lui. C'est pourquoi vous devez comprendre ses intentions et le mener là où vous voulez qu'il se rende tout en lui laissant croire qu'il mène la danse.

L'idéal est d'être en mesure d'arrêter toutes les attaques que l'adversaire envisage de mener, de contrer toutes les tentatives qu'il prévoit d'exécuter, et de se libérer de son joug avant qu'il n'exécute l'action. Tout cela est contenu dans l'expression « presser l'oreiller de l'adversaire ».

Si vous décelez les signes avant-coureurs de l'attaque, donc avant que l'adversaire ne puisse l'exécuter, vous garderez l'avantage en nourrissant le feu. Si l'adversaire s'apprête à lancer une attaque, il faut l'anticiper et prendre des mesures pour la contrer en ripostant ou en adoptant la meilleure posture. En termes de cybersécurité, cela signifie identifier les vulnérabilités et les failles de sécurité avant que l'adversaire ne puisse les exploiter, mais cela signifie aussi être capable d'interpréter les signaux faibles qui se présentent aux frontières de votre périmètre.

Si l'adversaire tente de compromettre un système, il faut identifier les signes avant-coureurs et les neutraliser avant qu'il ne puisse causer de dommages. En d'autres termes, il faut être proactif plutôt que réactif. L'essentiel est que vos actions suivent la Voie de la tactique et que vous compressiez progressivement les intentions qui germent dans l'esprit de l'adversaire. Faire naître le renoncement en lui, c'est le premier pas vers la victoire.

## Dépasser le courant critique

Il existe des situations critiques où nous sommes contraints de traverser des événements difficiles et d'emprunter des routes parsemées d'obstacles. C'est le cas lorsqu'apparaissent de nouvelles failles de sécurité ou encore lorsque surviennent des cyberattaques de grande ampleur. Pour réussir à sortir vainqueur de ces épreuves, il faut connaître les tendances du marché, les menaces et les vulnérabilités de son propre système. En sus, il est important d'avoir une compréhension totale de la situation vécue, des aspects géopolitiques, des politiques mises en place et des outils disponibles pour protéger les systèmes d'information exposés aux cybermenaces. Comme un navigateur fendant la mer, les experts en cybersécurité doivent être en mesure de naviguer par eux-mêmes, à vue, en utilisant les bonnes techniques pour résoudre les problèmes à mesure qu'ils se présentent, surtout lorsque les outils de navigation font défaut ou qu'un puissant brouillard s'abat sur eux.

Pour surmonter ces épreuves réputées insurmontables, le cybertacticien doit être habité par une volonté inébranlable. Il doit embrasser les bonnes tactiques, dans le bon ordre. Les cybertacticiens habiles sont toujours prêts à affronter les adversaires malveillants qui les menacent. Pour cela, ils utilisent leur connaissance de l'environnement, les techniques de piratage ainsi que les stratégies et les tactiques offensives. S'ils sont capables de dépasser ce courant adverse, ils peuvent alors découvrir les points faibles des attaquants, prendre l'initiative, gagner la bataille, ou mieux encore : la guerre. Acquérir cette capacité de traverser les courants difficiles est crucial, car elle assure la protection des systèmes d'information et la continuité des activités.

## *Conjecture du cours*

Généralement, la tactique efficace consiste à anticiper les actions des attaquants, sans oublier de prendre l'initiative en faisant tout pour la conserver. La conjecture se décompose en plusieurs éléments clés, tels que la compréhension des vulnérabilités des systèmes, la reconnaissance des intentions des attaquants, l'analyse des conditions actuelles et la sélection des contre-mesures appropriées, sans négliger la myriade de facteurs aléatoires qui surviennent à leur guise, sans aucune logique.

Dans la tactique de masse (par exemple face à une attaque de type DDoS), il est important de peser la force et la vitalité des attaquants, de pressentir leurs intentions et de choisir la contre-attaque la plus efficace. Faudra-t-il choisir l'évitement ou aller jusqu'à éprouver la robustesse du système de défense ? Cela nécessite une analyse minutieuse des données de trafic, et une compréhension approfondie des moyens et des tactiques utilisés par les attaquants.

Dans le combat individuel, il est nécessaire de comprendre les techniques connues par l'attaquant tout comme ses motivations. Il faut aussi être capable de discerner ses faiblesses et ses forces. Tout l'art du combat efficace réside finalement dans le fait d'utiliser les moyens différents de ceux auxquels l'adversaire s'attend. Le tout sans faire fi du suivi de la cadence et des rythmes de l'attaque. Répondez invariablement de manière rapide et adaptative.

## Fouler le sabre

L'expression « fouler le sabre » peut être interprétée comme étant la possibilité de contrer sans délai les attaques adverses. Comme dans l'art du combat où les ennemis peuvent lancer des attaques protéiformes, comme des flèches ou des balles, les attaquants dans le cyberespace peuvent déclencher des attaques de différentes natures, comme des codes malveillants, l'exploitation de vulnérabilités, l'utilisation de rootkit et tellement d'autres encore. Pour contrer ces attaques, il faut être prêt à agir rapidement, avant que l'attaquant ne puisse mener à bien sa manœuvre.

Dans la tactique individuelle, où il est important de prendre l'initiative, il est également conseillé de prendre des mesures préventives et proactives pour protéger les systèmes et les données avant même que les attaquants ne lancent leur attaque. N'attendez jamais que l'attaque survienne pour vous protéger. Tout cela suit le même principe que de « fouler le sabre » en prenant les assauts de l'adversaire comme ils viennent, mais en étant préparé, et en obtenant la victoire en contrant tout ce qu'il fait, systématiquement, inlassablement.

## Savoir faire effondrer

L'effondrement peut être considéré comme une faille ou une vulnérabilité dans le système ou par le défaut de sécurité qui peut être exploité par les attaquants. Il est donc vital de connaître le rythme des attaques afin de détecter *in utero* toute intention suspecte. Il faut aussi être capable de s'adapter et de prévoir l'intention suivante, avant même que ne survienne l'effondrement.

Les signes d'effondrement chez l'adversaire doivent aussi faire l'objet de votre attention. Estimer sa tension, évaluer ses probabilités de fuite et les possibilités de poursuites : voilà autant des moyens de prévoir l'effondrement de l'attaquant. Si des indices d'effondrement se révèlent de votre côté, il faut agir immédiatement pour éviter que l'attaquant ne découvre une nouvelle opportunité ou une nouvelle brèche dans laquelle se glisser. Il faut agir de manière décisive pour remédier à la faille de sécurité et pour empêcher que des assauts similaires ultérieurs se produisent. Réfléchissez bien à votre stratégie de prévention et aux méthodes à suivre en cas de découverte de faille de sécurité. Car si votre réponse n'est pas décisive, votre système sera vulnérable et le risque de cyberattaques augmentera très significativement.

## Devenez votre adversaire

« Devenez votre adversaire » signifie se mettre à la place de l'assaillant pour comprendre comment il pourrait attaquer. Anticipez son comportement. Avant toute chose, l'habile cybertacticien met tout en œuvre pour découvrir les vulnérabilités et les faiblesses du système qu'il défend. Il se met à la place de son adversaire. Il apprend à connaître ses propres faiblesses et les visualise avec les yeux de l'attaquant.

Dans la tactique de masse, il est facile de surestimer la force de l'ennemi, ce qui peut mener à une prudence excessive, et donc à la perte d'opportunités. Mais en obtenant une compréhension approfondie des vulnérabilités et des menaces qui pèsent, ainsi qu'en ayant les ressources adéquates et les experts en cybersécurité pour y faire face, on peut être confiant.

Dans la tactique individuelle, il est conseillé de se mettre à la place de l'attaquant pour anticiper ses actions et trouver des moyens de le contrer. En possédant une connaissance approfondie de la cybersécurité et des mesures offensives, tout en étant préparé à agir rapidement, on se trouve en mesure de le vaincre brillamment.

## Séparer les quatre mains

«Séparer les quatre mains» s'utilise dans les situations où un attaquant et un défenseur sont dans une impasse, chacun ayant une compréhension égale de l'autre. C'est le *statu quo*. Face à ce constat, seuls le changement de perspective et la mise en place d'un nouveau rythme sont salutaires. Cela implique de trouver des vulnérabilités moins évidentes, de farfouiller dans les détails, ou encore d'utiliser des outils inhabituels, voire des techniques moins conventionnelles. La cyberguerre justifie tout. En détournant certains outils de leur usage premier, on peut aussi modifier le rythme. En revanche, ce genre de situation demande une flexibilité accrue et une capacité de mouvement importante. Misez sur le côté innovant et créatif de votre tactique. Une fois de plus, le secret réside dans la compréhension et la maîtrise du rythme. Celui qui donne le ton détient la clé du succès. Ainsi il est le seul à entendre le chant de la victoire.

## *Faire bouger l'ombre*

« Faire bouger l'ombre » signifie simuler une attaque ou une intrusion pour comprendre les intentions de l'adversaire. Si, de prime abord, on ne peut pas discerner les intentions d'un assaillant, il est important de mettre en place des systèmes de sécurité et de surveillance capables de détecter toute tentative d'intrusion ainsi que les comportements suspects. Ensuite, on peut simuler une réponse pour voir comment l'adversaire réagit. Faites cela dans le but de mieux comprendre ses intentions. Une fois que ses intentions sont claires, il est plus facile d'élaborer une stratégie de défense adaptée pour contrer les attaques et refouler l'adversaire par le biais de tactiques adaptées. Qu'à cela ne tienne : restez vigilant et ne vous laissez pas distraire. Le cas échéant, vous manqueriez les signes d'une attaque imminente.

## *Comprimer l'ombre*

« Comprimer l'ombre » signifie défaire les intentions de l'adversaire, et prendre les mesures adéquates pour limiter sa capacité à poursuivre l'enchaînement de son plan. Par exemple, en bloquant l'accès aux ressources critiques ou en mettant en place des contre-mesures pour prévenir les tentatives d'intrusion, ou encore en utilisant des systèmes d'isolement ou la *géoprotection.*

Dans la tactique de masse, cela se traduit par l'idée de manœuvrer les ennemis en restreignant leur accès aux ressources clés, ou en bloquant tout simplement leurs mouvements. Si les ennemis constatent que leurs plans sont contrecarrés, ils peuvent bien entendu changer de tactique. Dans ce cas, il est important de changer également de tactique pour « comprimer l'ombre » à nouveau.

Dans la tactique individuelle, cela signifie surveiller les activités de l'adversaire et prendre des mesures pour empêcher la réalisation de ses intentions non pas dans ce qu'elles ont de singulier, mais bien dans leur enchaînement. Si l'adversaire abandonne son intention, il lui est alors impossible de prendre l'initiative et de porter les coups suivants. Son unique et seule option sera alors de renoncer à toute idée de victoire, et donc au combat. Il est important de rester attentif et de réagir rapidement aux changements dans les intentions de l'adversaire afin de les anticiper. Vaincre la stratégie de l'ennemi est le point sur lequel il faut se concentrer. Avec la stratégie de l'ennemi vaincue, les tactiques qu'il envisageait meurent dans l'œuf.

## Sur la transmission

On doit comprendre le phénomène de transmission comme la propagation de l'esprit entre les opposants.

Dans la tactique de masse, il faut savoir saisir le moment où l'adversaire est encore sous le coup de l'excitation ; on peut alors feindre un air nonchalant afin de contaminer son attention et lui faire perdre ainsi sa vigilance. Cela peut être applicable en termes de cybersécurité, comme en trompant les assaillants pour qu'ils croient avoir réussi à pénétrer dans le système, en les laissant penser qu'ils ont réussi à atteindre leur objectif.

Dans la tactique individuelle, le combattant habile feint la nonchalance. Il est capable de saisir le moment où le relâchement de l'adversaire devient sa faiblesse. Ainsi, le cybertacticien prend l'initiative avec force et célérité en utilisant une autre tactique.

L'expression « enivrer » est utilisée lors de l'usage de tactiques qui ont pour but de tromper l'adversaire ou de l'inciter à commettre des erreurs. En cybersécurité, cela peut être appliqué en adoptant les tactiques qui leurreront l'adversaire tels les pots de miel et autres artifices.

## Faire perdre à l'adversaire son équilibre mental

Le manque d'équilibre peut se produire lorsqu'il y a trop de failles dans le système d'information et que sa sécurité est sous le joug de menaces externes ou d'incidents inattendus et malveillants. Dans la tactique de masse, le cybertacticien profite de ces situations pour déséquilibrer le mental de ses adversaires, en perturbant leurs stratégies, en les attaquant rapidement et en prenant l'initiative pour obtenir l'avantage. Il faut alors maintenir une vigilance constante pour prévenir les attaques et réagir rapidement aux situations imprévues. Attention aux renversements de situation qui peuvent survenir dans ces moments particuliers de perte d'équilibre.

Dans la tactique individuelle, il convient de paraître nonchalant au début du combat pour mieux tromper l'adversaire, puis de passer rapidement à l'attaque lorsqu'il est vulnérable. Il faut être capable de s'adapter aux mouvements adverses, et être à même de conserver l'avantage tout au long du combat. Évitez de perdre l'équilibre mental et restez concentré sur votre objectif qui est de défaire l'adversaire.

## Sur l'enchevêtrement

Si votre système et celui de l'attaquant sont proches l'un de l'autre et que la résistance mutuelle est très forte, vous pourriez vous retrouver dans une impasse. Aucune tactique connue ne semblera alors fonctionner, surtout si l'assaillant adopte la même posture que la vôtre et la réplique à souhait. Dans ce cas, enchevêtrez-vous avec votre adversaire en utilisant des techniques de contre-attaque et de défense avancées. Pendant cet enchevêtrement, soyez à l'affût d'une opportunité avantageuse pour vous et agissez rapidement pour enlever la victoire, par exemple en repoussant l'attaque et en isolant l'attaquant de votre système. Réfléchissez-y bien.

## Toucher son adversaire dans un coin

Parfois, il est impossible de résoudre un problème de sécurité en l'attaquant de front. Dans ce cas, il est plus judicieux de l'aborder sous un angle différent, d'utiliser des moyens indirects, moins frontaux.

Dans la tactique de masse, il faut être conscient de la quantité de vecteurs de menaces auxquels il faut faire face. Le salut pourrait bien se trouver dans la concentration sur les plus importants, les plus prioritaires. En réduisant leur nombre, les autres vecteurs de menaces deviennent moins actifs. Tout en gardant un œil sur les menaces plus éloignées, il est bon de traiter les plus imminentes en faisant tout pour sortir du coin, de l'ornière.

Dans la tactique individuelle, il est parfois impossible de riposter directement lorsque survient une attaque parce que l'on est coincé. Dans ce cas, on peut trouver un certain avantage à changer de rythme, à retourner la situation pour mettre l'adversaire dans les cordes. En attaquant le vecteur sous un angle différent, on peut le rendre moins actif et plus facile à neutraliser. Cela permet de sécuriser le système là où il est le plus exposé et d'obtenir la victoire là où il paraissait faible.

## *Faire naître une certaine tension nerveuse chez l'adversaire*

« Faire naître une certaine tension nerveuse chez l'adversaire » consiste à l'empêcher de se comporter comme il le souhaite, comme il le projette ou comme il en a l'habitude. Cela peut être appliqué dans le contexte de la cybersécurité en faisant en sorte que les attaquants doutent de leurs propres capacités ou de la faiblesse effective des vulnérabilités qu'ils tentent d'exploiter. Cela peut être accompli en implémentant des mesures de sécurité complexes et en mettant en place des plans de sécurité solides qui utilisent les leurres ou des pots de miel.

« Sur les trois sortes de cris », Musashi explique comment le *cri* peut être utilisé pour montrer sa force et son pouvoir. Cela peut être appliqué à la cybersécurité en utilisant des outils « sonnants », qu'ils soient dévolus à la surveillance, à la détection passive ou au blocage. Ces outils alertent non seulement les défenseurs, mais peuvent aussi « crier » vers les agresseurs, démontrant ainsi qu'ils sont vus, tracés et connus.

« Sur le zigzag », Musashi utilise l'exemple d'une armée en colonne pour montrer comment il est important de changer de tactique pour trouver une faiblesse et remporter la victoire. Cela peut être appliqué à la cybersécurité en utilisant une variété de méthodes de défense pour protéger les systèmes et les données contre les attaques, plutôt que de se fier à une seule méthode. Il est important d'être agile et de s'adapter aux nouvelles menaces et aux vulnérabilités pour garantir une sécurité maximale. C'est dans ce contexte que l'on peut dérouter un adversaire en instaurant le doute chez lui. Le doute est presque toujours la suite logique de l'apparition de signes de tension.

## *Neutraliser*

« Neutraliser » l'adversaire dans ce cas précis signifie savoir que ses défenses sont faibles et profiter de cet état de fait pour mieux le contraindre à abandonner le combat.

Dans la tactique de masse, si vous jugez que les systèmes d'attaque adverses sont faibles, ou si vous repérez des vulnérabilités ou des faiblesses dans leurs armes, agissez avec détermination pour les neutraliser en concentrant vos forces sur leurs faiblesses. Si l'action de neutralisation n'est pas suffisamment forte, les adversaires pourront se remettre en ordre de marche et, pourquoi pas, dupliquer leurs forces ou pire, adopter un nouveau rythme ou une nouvelle tactique. Visualisez cette neutralisation comme si vous écrasiez quelque chose entre vos doigts. Ce type de contre-offensive ne doit jamais être proportionnelle, que du contraire.

Dans la tactique individuelle, si vous êtes confronté à un attaquant qui est moins qualifié que vous, ou si vous identifiez une faiblesse dans son approche, ou si l'attaquant est sur le point de reculer, il faut le neutraliser dans la foulée, au cœur même de l'action. Lorsque vous ferez cela, vous couperez toute possibilité qu'il récupère la moindre force, la plus petite parcelle d'énergie ou d'espoir. Le plus important est de l'empêcher de se rétablir et de prendre le contrôle de la situation dans l'instant présent et dans ceux qui suivent. Réfléchissez bien à cette notion de neutralisation.

## Passage de la montagne à la mer

« Passer de la montagne à la mer » signifie ne pas tomber dans le piège de la répétition. Si une méthode ne fonctionne pas la première fois, elle est peu susceptible de réussir à la deuxième tentative, sauf si toutes les conditions ont changé, ce qui demeure hautement improbable. Il est préférable d'adopter une approche inattendue et diversifiée à chaque fois. Si cela ne fonctionne toujours pas, il vous faudra essayer une nouvelle tactique, inconnue de votre adversaire, voire changer le rythme du combat.

Il faut rester agile, en adaptant la bonne tactique pour surprendre les assaillants et les empêcher de prévoir les actions menées. Si votre adversaire s'attend à une certaine méthode, il est alors judicieux d'adopter une tactique différente et inattendue. C'est la Voie de la cybertactique. Méditez sur ce principe.

## *Ôter le fond*

« Ôter le fond » peut être appliqué dans le cas où, malgré la mise en place de mesures de refoulement efficaces, un adversaire persiste dans son intention d'attaquer. Jamais il ne faut se contenter d'une victoire superficielle. Au contraire, le cybertacticien habile cherche à déraciner complètement la volonté de l'attaquant en neutralisant son esprit combatif. L'ennemi doit être défait, c'est le seul but du combat. Pour cela, c'est à sa volonté qu'il faut s'attaquer. On peut d'ailleurs remporter la victoire sans coup férir, juste en neutralisant la volonté de l'adversaire.

Pour cela, il est possible de recourir à différentes options, telles que l'utilisation de contre-mesures appropriées, l'identification et la neutralisation des vulnérabilités exploitées, ou encore la mise en place d'une stratégie de défense composée de tactiques créatives et imprévisibles. Il est vital de toujours rester vigilant et de ne pas baisser la garde, car un adversaire déterminé peut tenter de revenir à la charge à tout moment, tant que sa motivation et sa volonté sont vivantes.

## *Se rénover*

Qui reste figé sur les mêmes méthodes, même si elles ont été maintes fois éprouvées et qu'elles ont amené à la victoire, s'apprête à être défait. Il ne faut jamais rester figé sur une tactique particulière, surtout face à un ennemi déjà rencontré. Qui plus est si vous êtes dans une situation où vous ne progressez plus et où vous êtes bloqué avec l'adversaire. Abandonnez vos idées premières et essayez de vous rénover en trouvant de nouveaux moyens de surmonter la difficulté rencontrée. Il vous faut être perspicace et capable de reconnaître le moment où il est temps de se rénover, de changer de tactique pour ainsi trouver le chemin de la victoire. Ce moment est bien plus important que la qualité de la tactique utilisée. Le facteur temps devient ici l'essence de la tactique.

## *Tête de rat et tête de bovin*

Avoir la finesse du rat et l'aplomb du taureau. Cela signifie que lorsque la situation semble bloquée par un échange de forces similaires, il faut remplacer les petites idées par les grandes, comme si elles passaient d'une tête de rat à une tête de bovin.

Voilà à peu près ce que conseille Miyamoto Musashi lorsque deux ennemis sont au coude-à-coude. S'il ne faut pas se laisser distraire par les détails insignifiants, s'il ne faut pas omettre d'avoir une vue d'ensemble, c'est la combinaison des deux « vues » qui fera la différence. L'objectif principal (gagner) doit faire l'objet de toute l'attention, car il est aisé de se laisser prendre dans des détails techniques ou par des procédures mineures. Il est important de rester concentré sur la mission globale, celle de la défense du système d'information, mais sans omettre les détails. Tout comme dans la tactique du combat martial, où l'on doit remplacer les idées insignifiantes par de grandes idées, il est important dans la cybersécurité de se concentrer sur les mesures de sécurité les plus importantes et les plus efficaces pour protéger les systèmes et les données, tout en embrassant la doctrine que l'on poursuit.

Le cybertacticien victorieux doit également garder en tête cet esprit de « tête de rat et tête de bovin » dans sa vie quotidienne pour maintenir une vigilance constante, peu importe ce à quoi il fait face. Le cybertacticien aguerri voit grand.

## *Le général connaît ses soldats*

Le cybertacticien expérimenté doit connaître ses équipiers et ses adversaires autant qu'il se connaît lui-même. Cependant, si, en plus, il acquiert une compréhension approfondie de la Voie de la tactique, il peut transformer ses adversaires en équipiers et les manœuvrer selon sa volonté. Il doit s'efforcer de comprendre les stratégies et les techniques de ses adversaires pour mieux les contrer et les neutraliser. Alors il est un expert, et ses adversaires deviennent ses pions dans le jeu dont il définit les règles. Réfléchissez-y bien !

## *Lâcher la poignée*

« Lâcher la poignée » signifie plusieurs choses.

Parfois, il peut être nécessaire de renoncer à une méthode de défense ou à une approche de résolution de problèmes qui ne fonctionne pas ou qui n'est plus efficace. De même, il peut arriver que la seule solution pour remporter une victoire soit de changer complètement d'approche, même si cela signifie abandonner quelque chose sur lequel on comptait auparavant. Il est important de rester ouvert d'esprit et d'être prêt à s'adapter à des situations en constante évolution.

Parfois, cela peut signifier abandonner ce que l'on croyait être la clé du succès, et chercher des solutions alternatives pour atteindre l'objectif final.

## *Le corps comme un rocher*

Une fois que vous avez compris les principes qui régissent le jeu de la cybersécurité, soyez ferme et inébranlable en toutes circonstances. Le cybertacticien comprend après réflexion que la sécurité ne se résume pas à produire des documents et des procédures ou encore à mener des opérations techniques superficielles et momentanées, mais qu'elle doit être intégrée dans chaque aspect de la vie du système d'information.

Malheureusement, encore trop nombreuses sont les organisations faisant fi de la véritable nature de la cybersécurité. Certaines d'entre elles s'engagent dans des pratiques qui peuvent même être nuisibles non seulement aux principes de cybersécurité, mais aussi à la continuité de leurs activités industrielles, économiques ou sociétales. L'habile défenseur souhaitant réellement protéger son système d'information doit s'efforcer de suivre les principes avec diligence et constance, sans jamais se laisser influencer par des pratiques qui pourraient mettre en danger le périmètre qu'il défend.

À condition de suivre l'enseignement de Maître Musashi et de pratiquer en songeant à la Voie, vous deviendrez de plus en plus fort en matière de cybersécurité et vous pourrez remporter la victoire contre les menaces qui pèsent sur le système d'information que vous protégez.

*
**

# VENT

S'il est un domaine dans lequel il faut s'intéresser à ce qui se fait ou ce qui se passe ailleurs, c'est bien celui de la cybersécurité. En effet, sans une compréhension claire de ce qu'autrui met en place, défenseurs comme assaillants, nous passons à côté de l'essence même de notre combat. C'est en examinant les méthodes défensives d'autres organisations que l'on peut apprendre ce qui fonctionne bien et ce qui ne fonctionne pas, et ainsi déterminer les meilleures pratiques à adopter. C'est en observant le comportement des assaillants de tous bords que l'on connaît son ennemi. Condition ultime pour le défaire.

Toutefois, il est important de ne pas se limiter à copier les approches des uns et des autres. Car il y a ceux qui comptent sur la force brute pour résoudre les problèmes de sécurité, tandis que d'autres se concentrent uniquement sur les technologies de pointe. Mais la véritable Voie de la cybertactique consiste en une combinaison de connaissances, d'expérience et d'expertise technique. C'est un empilement de nombreuses choses. D'ailleurs, Miyamoto Musashi rappelle que se limiter exclusivement à son art est dangereux. Il est donc vital de ne pas se laisser distraire par des approches superficielles ou par les effets de mode, mais il faut plutôt chercher à comprendre en profondeur les défis qu'entraîne le cybercombat. Sans oublier de travailler de manière créative et propre, tel un artisan chevronné.

## Sur l'école qui préfère les sabres de grandes dimensions

Certaines écoles de pensée cyber s'entêtent à promouvoir que ce sont les armes lourdes en matière de sécurité qui font la différence lorsque l'on est attaqué. Rien n'est moins dangereux. Ces écoles de pensée cherchent avant tout à satisfaire les dictats du marché, l'air du temps et la conformité aux règles établies. Or, le marché ne devrait pas être conduit exclusivement par l'offre ni même par la demande, mais bien être basé avant tout sur le niveau de menace. Ce que l'on redoute n'est malheureusement pas forcément ce que fera notre adversaire.

D'après un dicton, «plus c'est complexe, plus

c'est vulnérable ». Si on pense appliquer cela dans la cybertactique, c'est qu'on ignore la pensée profonde de celle-ci. En effet, si l'on veut obtenir la sécurité « de loin », avec des outils de sécurité massifs et lourds, sans connaître et appliquer les principes martiaux, ce n'est là qu'une faiblesse de l'esprit qui doit être considérée comme une tactique faible. Lorsque l'on combat dans le cyberespace, plus complexe et unique est l'outil de défense, plus grande est la difficulté à gérer les failles. Les solutions de sécurité deviennent de moins en moins manœuvrables, l'outil lui-même devient encombrant et dicte la conduite. Ainsi, on est plus désavantagé que celui qui utilise des outils adaptés, combinés pour l'occasion.

Ceux qui préfèrent les outils de sécurité massifs et exclusifs ont sans doute leurs raisons, mais elles ne sont que personnelles et inadaptées. Elles ne servent que l'ego. Ces choix ne reposent sur rien d'autre que sur la volonté de plaire ou de séduire. Rarement ils représentent le bon choix.

Un autre proverbe indique : « Qui peut le plus peut le moins ». Sans rejeter le choix d'outils pour leur valeur intrinsèque, le cybertacticien efficace rejette cette pensée unique qui consiste à choisir les outils les plus beaux et les plus chers.

## Ce que les autres écoles entendent par « sabre fort »

Dans le contexte de la cybersécurité, il n'y a

pas de solution forte ou faible, il s'agit plutôt d'appliquer une stratégie efficace et réfléchie, toujours en fonction du contexte.

Il est inutile d'utiliser la force brute pour essayer de gagner contre un adversaire, car cela peut être contre-productif. Au lieu de cela, il est important d'utiliser l'intelligence de la tactique pour trouver des moyens créatifs et efficaces de vaincre l'adversaire, en tenant compte de facteurs tels que les vulnérabilités du système, les faiblesses de sécurité et les risques encourus. En fin de compte, il est essentiel d'obéir à la raison et de rechercher des solutions rationnelles et efficaces pour assurer la sécurité de ses systèmes et données.

## Utilisation du sabre court d'autres écoles

Si l'on pense pouvoir remporter une bataille uniquement en utilisant des outils de sécurité universels, cela ne représente pas la véritable Voie de la cybertactique. Depuis les temps anciens jusqu'à nos jours, les guerriers habiles ont toujours favorisé les outils adaptés aux combats qu'ils devaient mener. Privilégier une solution unique et faite de bouts de ficelle n'offre que peu de chances de remporter la victoire.

Il en va de même pour les activités purement défensives. Si l'on se concentre uniquement sur les vulnérabilités les plus évidentes, on risque de laisser des portes ouvertes aux cyberattaques plus sophistiquées. Il est donc essentiel d'adopter une approche équilibrée et complète en utilisant une variété d'outils adaptés. Il faut protéger tous les points d'entrée possibles. Se concentrer sur un système de défense unique, même s'il est efficace pour un certain type d'attaques, ne suffit pas à sécuriser l'ensemble du système.

Il en va de même lorsque l'on évoque une approche globale. Se concentrer uniquement sur la défense ou uniquement sur l'attaque n'est pas une bonne option pour obtenir une victoire étincelante. Il est donc essentiel de poursuivre une approche équilibrée alliant les deux faces de la lame du sabre.

## Préoccupation de la garde du sabre dans les autres écoles

Se préoccuper excessivement de la sécurité peut être contre-productif, s'en préoccuper pour des raisons de conformité ou pour plaire aux dirigeants, aussi.

L'absence d'attaque ou de tentative d'attaque ne signifie pas que le système est en sécurité. Que du contraire. Dans ce cas précis, il faut se poser la question de l'efficacité des systèmes d'alerte.

L'approche qui consiste à mettre en place un système défensif pour se conformer aux exigences des dirigeants ou pour suivre une certaine mode mène au chemin de la défaite.

Il faut être à l'écoute des mouvements de l'adversaire, prendre l'initiative et anticiper les attaques possibles. Évaluer les risques en permanence, reconnaître les failles du système, organiser les processus et les systèmes selon les besoins, et rester alerte sont autant d'actes qui mènent à la victoire. Quant à lui, l'esprit de garde, qui repose sur l'attente de l'initiative de l'adversaire, est vu comme un esprit passif qui ne permet pas de prendre le contrôle du combat.

Dans la tactique de masse, il est important de connaître le terrain, le nombre d'attaquants, leurs capacités, la robustesse des systèmes éprouvés ainsi que les aspects aléatoires que sont le temps, le rythme et les aléas.

*
**

# VIDE

Dans le contexte de la cybersécurité, le concept de « vide » peut être transposé comme étant le domaine de l'inconnu en matière de sécurité informatique. Le « vide » représente les vulnérabilités et les menaces qui peuvent échapper à notre compréhension et notre maîtrise. Il est important de connaître la voie véritable de la cybersécurité pour poursuivre la bonne pratique et éviter les égarements qui peuvent nous amener à croire que nous sommes sur la bonne voie, alors que nous ne sommes pas en mesure de voir les menaces réelles.

Ainsi, pour être « vide » en matière de cybersécurité, il faut avoir une maîtrise de tous les aspects de la sécurité informatique, ne pas avoir de points obscurs sur la voie à suivre, ne jamais se relâcher et polir les deux vertus de sagesse et de volonté. Il est également important de considérer la justice, la clarté et la grandeur dans la pratique de la sécurité informatique.

Dans le « Vide » de la cybersécurité, il y a le bien et le mal. Les bonnes pratiques de sécurité informatique sont « être », les principes sont « être » et les voies sont « être ». Mais l'esprit est « Vide », c'est-à-dire qu'il faut être capable de se remettre en question constamment, de remettre en cause ses pratiques et ses connaissances, et de rester ouvert et conscient des menaces potentielles qui peuvent surgir dans le domaine de l'inconnu.

Dans la Voie de la cybertactique, on gagne ou on perd, on vit ou on meurt, on prospère ou on décline, les choses sont aussi simples que cela. Le cybertacticien qui connaît l'art de rivaliser sait comment vivre et mourir, prospérer ou décliner.

Au-delà des théories guerrières, des axiomes stratégiques et de la théorie tactique, il y a la réalité (même virtuelle) du monde cyber où règnent aussi la vie et la mort, l'une n'allant pas sans l'autre. Mais finalement, identifier le type de belligérants n'a pas vraiment d'importance autre que celle de lui infliger des dégâts, de le neutraliser. Ainsi, le cybertacticien ne rivalise pas qu'avec son adversaire, mais aussi avec lui-même, avec la Vie.

Ceux qui choisissent la Voie défensive doivent sans cesse travailler pour comprendre les règles du jeu et les non-règles du non-jeu. La Voie est un chemin sérieux où avoir trop de certitudes amène la défaite, où les silences ont autant d'importance que les paroles, où les moments de paix s'harmonisent au rythme des moments de combat, où la paix prépare la guerre et la guerre la paix.

Les personnes qui ne comprennent pas très bien les besoins de cybersécurité pensent probablement que leurs propres méthodes, aussi superficielles soient-elles, sont correctes et solides. Ces personnes-là sont encore plus dangereuses lorsqu'elles ont trop de certitudes.

Le cœur du succès est de percevoir la réalité des situations et de faire les choses appropriées aux moments appropriés. Peu importe ce que vous vous dites, la réalité existe de toute façon. Il faut fonctionner dans cette vérité. Voyez les choses telles qu'elles sont et gagnez. Cela nécessite de la pratique. Cela demande du courage.

Avancez vers la maîtrise de la Voie. Pratiquez honnêtement. Apprenez tout ce que vous pouvez. Ayez les idées claires. Remplissez votre objectif de vide, et le chemin s'ouvrira à vous.

*
**

# ET MAINTENANT

## *Vers un cyberbushido ?*

Le Bushido est un code d'honneur qui a été suivi par les samouraïs japonais pendant des siècles, tandis que la cybersécurité, activité contemporaine, est un ensemble de pratiques et de mesures visant à protéger les systèmes informatiques et les données contre les attaques.

Bien que ces deux domaines semblent très éloignés, nous avons vu qu'il est possible de trouver des parallèles entre les règles et les conseils de Miyamoto Musashi et les principes de la cybersécurité. Il en va de même pour les principes majeurs du Bushido :

- **La loyauté :** l'un des principes fondamentaux du Bushido est la loyauté envers son seigneur. Dans le monde de la cybersécurité, cela se traduit par la loyauté envers l'entreprise ou l'organisation que l'on sert, et la nécessité de protéger ses systèmes et ses données contre les attaques.

- **Le courage :** les samouraïs étaient connus pour leur courage et leur bravoure. Dans la cybersécurité, le courage peut se manifester par la nécessité de prendre des décisions parfois difficiles, comme signaler une violation de données ou mettre en place des mesures de sécurité impopulaires, mais nécessaires.

- **L'honnêteté :** le Bushido exigeait également de ses disciples une grande honnêteté. Dans le monde de la cybersécurité, cela se traduit par la nécessité d'être transparent quant aux risques et aux failles de sécurité, afin que les utilisateurs et les clients puissent prendre des décisions éclairées.

- **La maîtrise de soi :** un autre aspect important du Bushido était la maîtrise de soi, qui se traduit dans la cybersécurité par la nécessité de rester calme et concentré en cas d'attaque ou de violation de données.

- **Le respect :** enfin, le Bushido prônait le respect envers ses pairs et ses ennemis. Dans le monde de la cybersécurité, cela se traduit par la nécessité de respecter la vie privée des utilisateurs et des clients, même lorsqu'ils sont en désaccord avec les politiques de sécurité.

En conclusion, bien que le Bushido soit un

code d'honneur ancien, les principes qu'il prône sont encore pertinents dans le monde de la cybersécurité. La loyauté, le courage, l'honnêteté, la maîtrise de soi et le respect sont des valeurs qui peuvent aider les professionnels de la cybersécurité à faire face aux défis complexes et en constante évolution de leur domaine.

## Le besoin de fédérer

Comme nous l'avons vu dans l'introduction : *Mal nommer les choses nous conduit à mal les penser.* Personnellement, je crois que les métiers de la sécurité des systèmes d'information et en particulier ceux de la cybersécurité manquent cruellement d'uniformité, d'unicité. Tous les jours, le besoin de fédérer se fait sentir, que ce soit au niveau de l'éducation et de l'apprtentissage, dans les politiques nationales en la matière ou encore au niveau des centaines de millions d'opérations informatiques journalières.

Comme nous l'indique Miyamoto Musashi, il faut faire la distinction entre les attaques individuelles et les attaques de masse. Pourquoi alors laisser les ennemis et adversaires se rassembler sous d'identiques et éphémères bannières ? Pourquoi leur laisser la possibilité de pactiser, lorsque les défenseurs rechignent à mettre en commun ne fût-ce qu'un vocabulaire idoine ?

Comme de nombreuses industries l'ont

expérimenté avec le *Traité des cinq roues* ou encore avec l'*Art de la guerre* de Sun Tzu dans le contexte concurrentiel, le salut « cyber » viendra peut-être de la sagesse des Maîtres du passé.

## CECI N'EST QU'UN DÉBUT

# À PROPOS DE L'AUTEUR

Actif depuis plus de vingt ans dans le domaine de la sécurité des systèmes d'information, Alexandre a eu la chance de travailler dans plusieurs domaines du secteur de la sécurité de l'information. Du petit monde du test d'intrusion en passant par la contre ingérence économique et la lutte contre l'espionnage industriel, aujourd'hui il offre ses conseils précieux aux entreprises désireuses d'améliorer leur niveau de sécurité par la mise en place de Système de Management de la Sécurité de l'Information. Passionné de stratégie, mais aussi mû par le désir de transmettre son savoir et de partager son expérience, Alexandre a décidé de créer une gamme d'ouvrages atypiques.

Des ouvrages reliant les anciens et sages savoirs des meilleurs stratèges -- parmi lesquels Sun Tzu, Machiavel ou encore Musashi -- avec les défis en matière de sécurité de l'information. Réconciliant ainsi les "voies ancestrales" avec les technologies actuelles, Alexandre offre ainsi une approche, certes martiale, conforme aux exigences de la guerre numérique. La plupart de ses ouvrages sont déclinés en offre de coaching, de formation et de sessions de sensibilisation dans le cadre de projets de mentoring.